1．桂川王塚古墳（福岡県）
玄室に入る前に見ることができる、玄門両側に描かれた騎馬人物像の壁画。

2．桂川王塚古墳（福岡県・復元）
桂川王塚古墳の築造当初の姿をバーチャル再現。極彩色の世界がよみがえった（東京大学池内克史研究室・凸版印刷作成、王塚装飾古墳館協力）。

3. 石人山古墳
（福岡県）
組合式家形石棺の屋根形の棺蓋部分に連接した精巧な直弧文を刻む。

4. 浦山古墳（福岡県）
石棺の内面にびっしりと線刻された直弧文。

5. 井寺古墳（熊本県）

コンパスと定規でデザインされた直弧文・梯子形文・車輪文を赤と白で塗分けた、幾何学文の白眉。

6. 千金甲1号墳（熊本県）

割石を積み上げて築造された石室の内部の石障に表された同心円文と靫のレリーフ。

7．釜尾古墳（熊本県）
割石を積み上げた壁を赤と白で塗分け、石屋形には双脚輪状文が横倒しで表される。

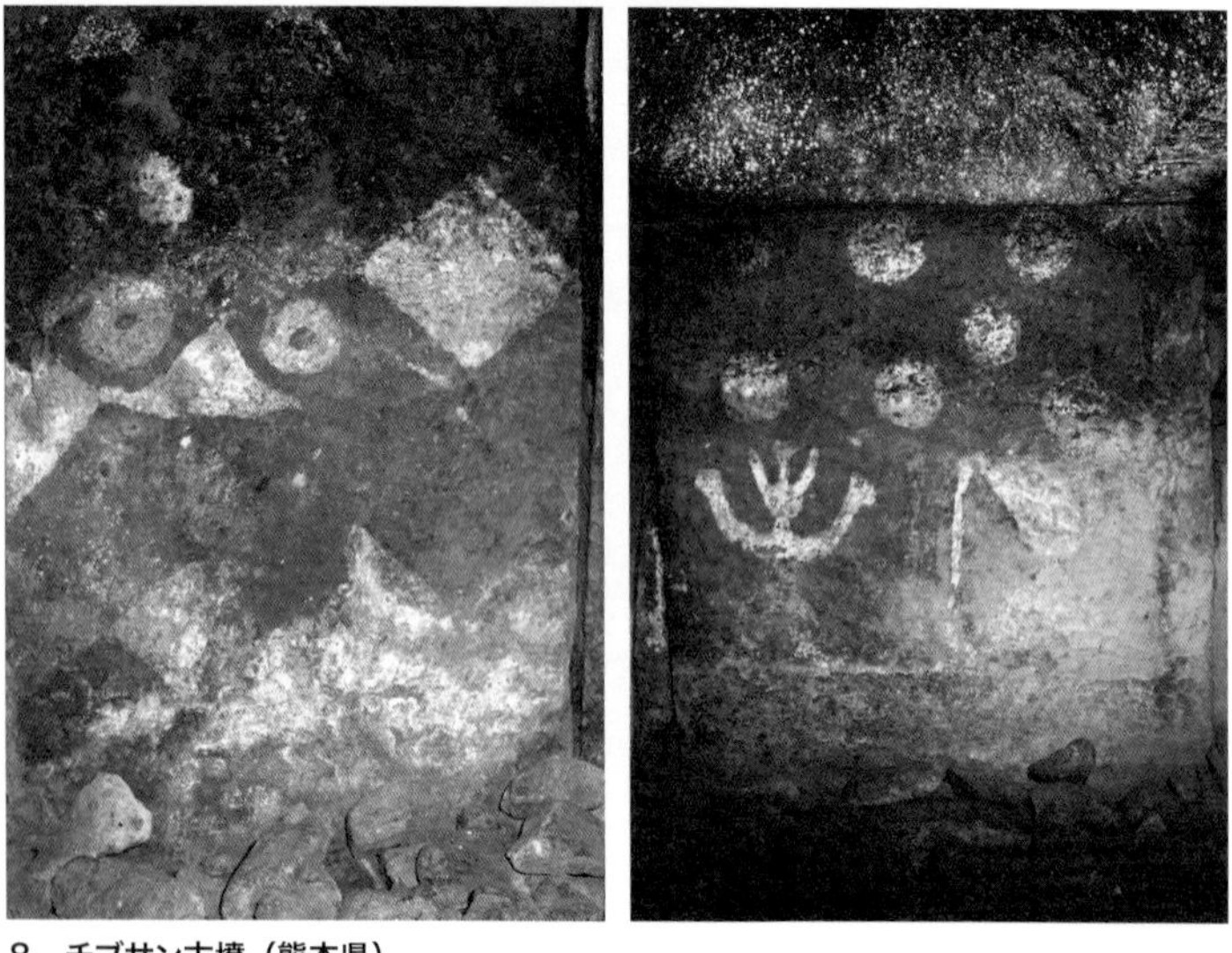

8．チブサン古墳（熊本県）
左：顔のように見える壁画を乳房に見立てて命名された。
右：冠をかぶった人物の上には白で珠文を描く。

9．珍敷塚古墳（福岡県）

奥壁全体が左に傾いて、船が右に向かって進行するような印象を与える。塗り残しによる高度な描画技法が用いられている。

10．日岡古墳（福岡県）

奥壁に描かれた6つの同心円文が印象的な壁画。褪色しているが、当初は赤・白・緑の色鮮やかな同心円を表していた。

11. 竹原古墳（福岡県）
奥壁の中央に図文が集中。
玄門から見える部分にのみ
壁画が描かれている。

12. 五郎山古墳（福岡県）
奥壁にひときわ大きな石を据え、物語風のさまざまな図文が描かれる。

13. 弁慶ヶ穴古墳（熊本県）

左：馬を乗せたゴンドラ形の船と同心円が印象的な彩色壁画。素朴さと力強さが感じられる。
右：馬を乗せた船の上には、鳥がとまった船（天鳥船）。

14. 鍋田横穴（熊本県）

横穴の入口左側に手を広げた人物や武器を彫刻して、邪の侵入を妨げている。

15. カザンラクのトラキア人の墳墓（ブルガリア・復元）
穹窿天井の全面が馬事関連の図文で埋め尽くされている。

16. レンバク3号墓（インドネシア）
黒で描かれた人物が左手で白いゾウの耳をつかみ、右手で首にしがみつく。背には銅鼓のような器物を背負う。

装飾古墳の謎

河野一隆

文春新書

1390

はじめに

今、古墳時代が熱い。古墳女子に墳活、古墳フェスに古墳フードなど、考古学の研究を始めた私の学生時代には思いもよらなかった大ブームが到来中だ。有難いことに、本書のテーマである装飾古墳も「古代のアート」として各所でワークショップがしきりに開催され、描かれた様々な文様をアレンジしたグッズが販売されている。しかし、装飾古墳は、いつでも好きな時に見られるものではなく、気候が落ち着いた春や秋のみに見学時間も限られるケースが大半だ。したがって、脚光を浴びている割に実際に見た人はあまりいない。

装飾古墳の魅力とは何だろう？　私自身の経験でお許しいただければ、高校時代にさかのぼる。考古学ボーイ（大学で考古学を専攻する前から考古学が好きな少年）だった私は、家の近くに装飾古墳があることを知り、遺跡地図を片手に藪をかき分けながら探し回った。しかし、現地に到着しても夢にまで見た古代の芸術には出会えなかった。石室の入口は土《ど》嚢《のう》で固く閉ざされ、落胆して帰途に就くほかはなかった。しかし、ちょっと遠くまで足をのばせば装飾古墳を見ることができた。有名な特別史跡の福岡県桂川《けいせん》王塚古墳は、当時閉鎖されていたが、筑後川中流域には日岡《ひのおか》古墳、珍敷塚《めずらしづか》古墳など国史跡に指定された有名な装飾古墳があった。高校生からの依頼は珍しかったのか、町の文化財担当の方は、車に乗せて懇切丁寧に装飾古墳を説明してくれた。もっとも、当時の私がそれを十分に理解できたとは思えないけれど、初めて装飾古墳をこの目で見た興奮と感激は今でも忘れられない。

漆黒の闇を照らす懐中電灯の光に浮かび上がる、黒や赤の線。次第に目が慣れてくるとそれらが、人物や動物、幾何学文などの像を結ぶようになる。そして、絵解きのように装飾全体が一斉に語り始めると、１０００年の時を経て古墳時代の芸術家と向き合っているという感覚に満たされる。まさに、装飾古墳とは古代からのメッセージなのだ。

しかし、不幸なことに装飾古墳は、はじめから日本美術史の巻頭を飾る存在として評価されてきたものではなかった。文明開化を旗印に体系化された日本美術史は仏教美術から始まり、古墳時代以前のような先史・原史文化は埒外であった。今でこそ、縄文土器や土偶は、特別展を開催すれば、多数の来場者を数えるようになった。しかし、岡本太郎が縄文土器の美しさを再発見するまでは、美術と見なされなかった。装飾古墳も同様である。そのため、昭和39年（１９６４）に『太陽』で装飾古墳特集が組まれ、国民にその美が知られるまで古墳は荒れ放題のまま、多くの文様や古墳が人知れず消えていった。さらに、装飾古墳の分布が九州北部および中部と関東や東北南部に偏っており、古墳時代の中枢であった近畿地方中部に少なかったことも災いしている。後に畿内《きない》と呼ばれるこの地域を対象に研究が進められてきた考古学の世界では、装飾古墳はローカルな古墳文化に位置づけられた。逆に、飛鳥の高松塚古墳、キトラ古墳など壁画古墳のセンセーショナルな発見以降になると、装飾古墳は奈良県の飛鳥にしか無いという誤った認識も一般には広がった。

本書を執筆した動機は、ひとえに装飾古墳を、日本の古代史・美術史にとどまらず、人類史の古代芸術として正しく知って欲しいとの願いからである。もちろん、私の見方を読者に押し付けるつもりはないし、本書の内容には私個人の意見が強く出過ぎている部分もあるかもしれない。本書が、装飾古墳の世界へ誘う道案内であるとともに、研究の定説とは言い切れない内容をも含んでいることは、予めお断りしておきたい。

本書で論及する内容は、次の6点にまとめられる。

①　九州固有の石人石馬《せきじんせきば》が消滅し、装飾古墳の壁画が発達した原因は、筑紫君磐井《つくしのきみいわい》の乱（527～528年）の勝者に対する敗者のレジスタンス芸術だったからなのか？

②　近畿中央部にあまり分布しない装飾古墳は、はたしてローカルな古墳文化なのか？

③ 九州に日本の半数以上の装飾古墳が築かれたのは、大陸（中国）の壁画墓から影響を受けたためか？

④ 日本以外の地域でも飾られた埋葬施設はあるのか？　また、どのような展開をしたのか？

⑤ 装飾古墳は、クロマニョン人が遺したラスコー洞窟などの洞窟壁画とは、いかなる関係にあるのか？

⑥ 本来、死者を人目から遠ざけるはずの埋葬施設に、なぜ人に見せるための壁画装飾が描かれるのか？

すでにお気づきのように、本書は装飾古墳の概説のみを目的としてはいない。装飾古墳がどんなものかについては類書が存在するし、インターネット検索で情報を入手することも可能である。したがって、研究史や概説については最小限にとどめ、この人類史的な芸術に私たちはどのように向き合ったら良いのかを意識して書いた。本書を手にした読者が、一人でも多く装飾古墳に興味を持ち、実際に現地を訪れるきっかけになれば筆者望外の幸せである。また、近年では装飾古墳のレプリカを見学できる博物館も増えており、装飾古墳と出会う機会は私の学生時代と比べて格段に増えている。たとえ、それがかすかな声だったとしても、装飾古墳が語り出す古代のメッセージにぜひ耳を傾けてほしい。そのための手引きの書のつもりで執筆したのが本書である。

装飾古墳の謎　◎　目次

第1章　装飾古墳とは何か

装飾古墳の分類

装飾古墳とは、埋葬施設の内部や外部に彫刻や線刻、彩色などの装飾技法によって、図文を表現した古墳（高塚古墳や横穴など）の総称である。しかし、石棺や石槨《せっかく》全面を単に赤く塗っただけのものや、埴輪《はにわ》や石人石馬などの立体造形を樹立した古墳とは呼ばれない。この「装飾古墳」という呼び名も考古学者が命名したもので、当時の人々が「飾る」意思を持っていたかは定かではないし、もしかしたら鎮魂や辟邪《へきじゃ》を目的としたものなのかも知れない。また、奈良県高松塚古墳やキトラ古墳など、中国の壁画墓と共通した彩色壁画を持つ古墳は、日本考古学では「壁画古墳」と呼んで区別されている。

具体的に、いくつかの装飾古墳の例を挙げながら説明しよう。

第1図・口絵図版5は、熊本県にある井寺《いでら》古墳に施された図文である。平らな石板に、直線と弧線を複雑に組み合わせ赤と白で塗分けられている。今から１００年ほど前に考古学者が直弧文《ちょっこもん》と命名し、岡山県楯築《たてつき》遺跡出土の弧《こ》帯文石《たいもんせき》など弥生時代にまでその系譜をたどることができるが、刀剣の装飾や装身具としても採用されているから、装飾古墳独自という訳ではない。しかし、その繊細かつ高度なデザイン力に私たちは驚嘆するほかはない。

なぜなら、この図文を再現しようとするならコンパスと定規を使った代数幾何学の知識が不可欠だからだ。これを一見するだけでも、装飾古墳の図文が古代人の稚拙な手なぐさみではないことが分かる。装飾古墳とは、墓室という死者のための場所をどのように見せるか、古墳時代人が念入りに設計した空間演出の舞台と言っても良いと私は思う。西洋画を見慣れた現代人の眼で、先史時代芸術を精巧や稚拙と評価することがいかに的外れであるかを井寺古墳の直弧文は物語っている。

第1図　井寺古墳の直弧文
複雑な図文を塗分けて印象的に浮かび上がらせている。

装飾が表される場所には、石室、石棺、横穴のほか、九州独自のものとして石障《せきしょう》がある(第2図)。石障とは、横穴式石室の床面に立てめぐらせて埋葬部を区画するための石の板である。少し説明を付け加えると、横穴式石室は先行する竪穴式石室とは異なって、複数の遺骸を収納することを可能にした埋葬施設である。ただ、横穴式石室に入れられるべき人物が同時に死亡するわけではないから、埋葬は複数回に及ぶ。そうなると、石障のような仕切板が無いと、先に埋葬された遺骸を片付けてスペースを空けなければならない。朽ちた遺骸を石室内で片付ける行為は想像を絶する悲惨な作業であり、石障で死者の占有区間を確保することは合理的である。九州の横穴式石室では、近畿のように木棺に遺骸を納め釘で蓋を留めて埋葬される訳ではなく、蓋をされずに被葬者が納められたと推定されているから、当地の埋葬風習とも合致している。

石障の材料には柔らかい砂岩や凝灰岩が使用されており、表面は平滑に仕上げられる。結果的に、九州で横穴式石室に石障を採用したことは、図文を描く上で格好のカンバスともなったことは否めない。

装飾古墳を考古学的な分析対象とした小林行雄は、埋葬施設に着目して、石棺系、石障系、石室系、横穴系の４つの区別に壁画系を加えた5分類を提唱し、現在まで受け継がれている。壁画系のみ埋葬施設ではなく、装飾図文の主題に基づいた名称で違和感を覚えるが、6世紀中葉以降に自由画風の物語的な画題が顕著となることを重視して区別したのはむしろ慧眼《けいがん》だと思う。この分類にしたがって、次に装飾古墳の展開を見ていこう。

まず、石棺系の装飾古墳とは、石棺の内外面に線刻や彫刻による装飾を施したものである。福岡県石人山《せきじんさん》古墳、岡山県鶴山丸山《つるやままるやま》古墳や福井県足羽《あすわ》山《やま》山頂古墳、同小《お》山谷《やまだに》古墳など

第２図　九州型横穴式石室（桂川王塚古墳）の模式図
奥壁沿いに被葬者を安置する場所（石屋形）が設えられている（京都帝国大学 1939 による）。

がよく知られている。装飾のある場所は、棺蓋や蓋と接する身の上半部である。棺内に表された例（口絵図版4）もある。例示した第3図・口絵図版3は、九州最古の装飾古墳である福岡県石人山古墳である。第1図の井寺古墳にも登場した直弧文が、蓋の外側に連続したレリーフとして表現されている。実物を見ると、輪郭を線刻するだけでなく、各帯に匙面状の加工を施した精巧な作品と言える。これら石棺系の装飾古墳は、おおむね前・中期古墳に該当しており、日本の装飾古墳の中では比較的古い段階で登場する一群である。

　石障系の装飾古墳は、前出した熊本県井寺古墳・同千《せ》金甲《ごんこう》1号墳（口絵図版6）など中部九州を中心として展開する。石障の配置は、

第３図　石人山古墳の石棺

棺蓋には連接した直弧文が刻まれている。

第4図　田代太田古墳の奥壁

彩色壁画を描くための大型石材（腰石）を最下段に設置している。

石室の周囲に沿って立てられるほか、奥壁に並行した1体に加え、入口側に側壁に並行した2本の石障を立てて3分割したものと、奥壁並行の1体を省略したものなどがある。装飾のある場所は石室周囲に沿ったものが多い。平成21年（２００９）に直弧文のレリーフの剝落が大きな社会問題となった岡山県千足《せんぞく》古墳は、本州の石障系装飾古墳である。しかし、九州外となると石障を持つ古墳自体が少なく、装飾古墳では千足古墳が唯一の例である。

石室系の装飾古墳は、横穴式石室に装飾図文を表したものである。壁画が描かれる場所には一定の傾向があって、最も多く描かれるのが奥壁、中でも最下段の石材である。九州の横穴式石室では石壁の最下段に最も大きな石材を据え、そこをカンバスに見立てている（第４図）。この大型石材を考古学者は腰石《こしいし》と呼んでいる。日本の横穴式石室は玄界灘沿岸にいち早く登場し、古いものは割石の小口を見せるように積んでいるが、次第に最下段石材が大型化する。これは、全体の石材が一様に大型化し、飛鳥の石舞台古墳のような巨石墳を生み出す近畿の場合とは対照的である。装飾のある場所は、死者に近い玄室《げんしつ》の奥壁が多いが、羨道《せんどう》部も皆無ではない。

横穴墓とは崖の直立した面に横穴を掘削し、遺骸を埋葬する部分に広い空間を確保した埋葬施設である。九州では福岡県、大分県など北部に発し、熊本県、宮崎県などの中・南部に広がる。装飾横穴は、墓室内外の壁面に装飾を施し、壁画系の装飾古墳とほぼ同じ頃に出現する。顕著な例では熊本県の菊池川・球磨《くま》川流域あるいは宮崎県南部で、西日本では山陰（島根県）にも分布の核がある。装飾古墳が少ない近畿中央部（大阪府高井田横穴群）にもある。ただし、東日本の装飾古墳は西日本よりも横穴系の比重が高く、南関東、東北南部の装飾古墳はほとんどが横穴系である。一般に、横穴墓の被葬者は横穴式石室墳よりも階層的に低いと思われがちだが、装飾馬具を豊富に保有した福島県中田１号横穴のような高位の被葬者もいたようだ。

装飾は、玄室内部のほか入口部にも多い。特に、熊本県鍋田《なべた》横穴《よこあな》の場合は入口の左側の

第５図　石貫穴観音横穴の飾縁
墓室の入口外周に施された段状加工。珠文で飾られている。

崖面（口絵図版14）、同石貫《いしぬき》ナギノ横穴や同石貫穴観音《いしぬきあなかんのん》横穴（第5図）、同大村横穴墓では入口を段状に加工した飾縁《かざりぶち》で装飾するなど複雑な形状のものがある。なお、九州独自の埋葬施設として九州南部に展開する地下式横穴墓があるが、その中にも装飾を施したものがある。

壁画系の装飾古墳とは、横穴式石室の壁面に彩色によって多様な図文を描いたものである。熊本県塚坊主《つかぼうず》古墳、福岡県日岡古墳などが古い。壁画系の中でも特に注目されるのが、メッセージ性が強い物語風壁画である。最も多く装飾される場所は、石室系の中で触れたように、奥壁最下段の腰石である。次が左右の両側壁である。最も省かれがちな部分が、

第６図　田川内１号墳の石屋形
円文が刻まれた奥壁沿いの石屋形。死者専用の空間である。

入口からは見えない部分、すなわち前壁である。前壁とは、直方体形の内部空間を構成する横穴式石室の、奥壁とは反対側の壁を指す。一般に、前壁中央には羨道と呼ばれる通路が取り付けられるのが普通であり、したがって入口から前壁は死角になって見ることはできない。このため、当時の人々も最も装飾を省略し易かったのかもしれない。

一方、大分県玖珠《くす》鬼塚《おにづか》古墳は奥壁に同心円文が表されるが、いずれもコンパスで描かれたように正確にデザインされている。福岡県日岡古墳も、奥壁の６つの同心円文が目立つが、両側壁は連続三角文でびっしりと充填されており、描き手は同心円文を玄門からうかがう会葬者に見せたかったのだということが分かる（口絵図版10）。

壁画系に含まれる九州独自の埋葬施設として特筆されるものに、石屋《いしや》形《かた》が挙げられる。これは、石材を組んで奥壁沿いに被葬者を安置するために設えた占有施設である。奥壁に沿って横たわる被葬者の頭と足の側にはそれぞれ別の板材を立て、屋根をかけ渡したものである。この石屋形を設えると石室内の空間がいっそう荘重なものとなるため、絶好のカンバスと言えるだろう。熊本県田川内《たのかわち》1号墳（第6図）や同チブサン古墳、福岡県桜京《さくらきょう》2号墳などが挙げられるが、同桂川王塚古墳の石屋形は燈明のための油受けを備えた複雑な構造で、もっとも発展した例である。

描かれた文様と顔料

装飾古墳に描かれる文様には、同心円文や連続三角文、直弧文などの幾何学文と靫《ゆき》・盾・大刀・馬・人物などの具象文、さらには福岡県竹原古墳・同五郎山古墳（口絵図版12）や福島県清戸《きよと》迫横穴《さくおうけつ》・同泉崎横穴《いずみざきよこあな》などのように、図像を組み合わせた自由画風の画面構成を取るものもある。その中には、被葬者の事績（一代記）を表した物語性の強い例もある。また、数は少ないけれど、大陸の葬送思想の影響を受けたと見られる文様もある。

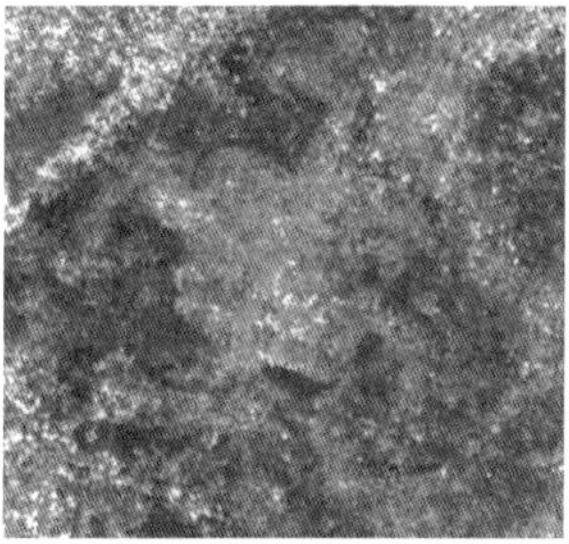

第７図　珍敷塚古墳のヒキガエル
上から見た右向きのヒキガエルの図文。

たとえば、有名なものが福岡県竹原古墳の壁画である、奥壁には、水辺に雌馬を連れて行けば、龍と交わって駿馬が生まれるといった中国の龍媒《りゅうばい》伝説を意識したと見られる彩色壁画がある。前壁袖石には、かなり形は崩れ褪色が著しいけれど、四神のうち玄武と朱雀を描こうとした可能性のある動物文がある。福岡県珍敷塚古墳に描かれたヒキガエル（第７図）も、２匹のいずれもが壁画全体の構成から見るとあまりに唐突すぎる存在だから、従来から言われているように、「月中有蟾蜍《せんじょ》（月中に蟾蜍〈ヒキガエルのこと〉有り）」という大陸の古代の伝説に由来したモチーフだろう。奈良県水泥南《みどろみなみ》古墳の石棺や大阪府高井田横穴群などには、蓮華文が描かれる。佐賀県田代太田古墳にも、それに類したモチーフがある。これらは仏教思想の流入に影響されて生み出されたと考えるほかはない。それでは、以下に装飾古墳で見られる主な幾何学文、具象文や顔料について解説していこう。

（1）幾何学文

円文　半径の異なる円をいくつか重ねた同心円文と、単

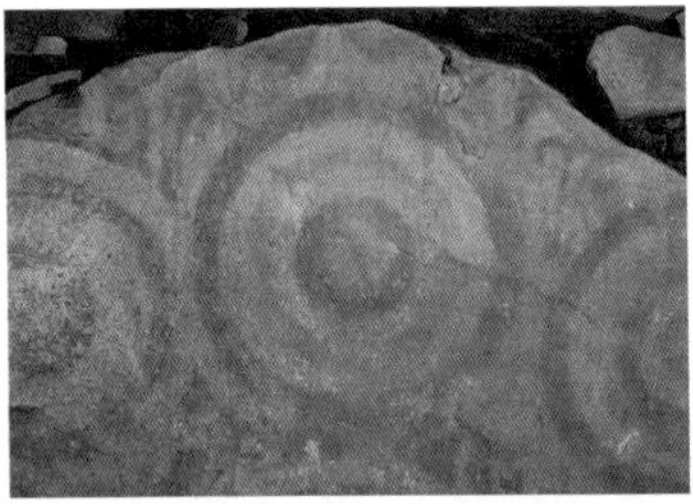

第８図　日岡古墳の円文
褪色しているが赤・白・緑の3色で描かれた精巧な同心円文。

第９図　清戸迫横穴の渦文
冑をかぶった人物の左に配置された渦文。

色に塗りつぶした円文がある。三角文や直弧文と共に、もっとも古くから用いられた。彩色・線刻・彫刻など、さまざまな技法で表されている。また、輪郭線を刻みその内部を彩色で塗りつぶしたものや、福岡県日岡古墳（第８図）や同下馬場古墳のように、同心円の各輪を別の色で塗分けた華麗なものもある。円の描き方には、コンパスを用いた整然としたものと、フリーハンドによるものとがある。

なお、円文のうち、特に小さなものを珠文《しゅもん》と呼ぶことがあり、福岡県薬師下北・南古墳や熊本県石貫穴観音横穴などに見られる。ところが、珠文が顕著なのは東日本の装飾古墳で、同心円文の方が多い九州とは対照的である。なお、福岡県桂川王塚古墳では、天井を構成する石材に黄色の粘土を貼り付けた珠文があり、これは壁画古墳に見られる星宿のような天体を意識したものと考えられている。また、円文の外側に梯子《はしご》状の輪郭を加えたものは、車輪文と呼び分けられており、熊本県井寺古墳のものが有名である。

渦文　渦巻状に線で円を描いた図文である。九州には少なく、福島県清戸迫横穴（第9図）や同泉崎横穴など東北南部の装飾古墳に多い。中心から時計回りのものとその逆がある。福島県羽山《はやま》横穴では、渦巻の円を中心から十字方向に4分割したものが知られており、これは直弧文を意識したとみる見解もある。福島県清戸迫横穴では、被葬者と目される冑《かぶと》を着用した人物の左側に大きな渦文が描かれている。この渦文以外に奥壁に幾何学文は無い。奥壁の構成は狩猟場面が中心であり、単に空白を充塡するための図文ではないはずであるが、何を表現しようとしたかは定かではない。

三角文　円文同様に、輪郭だけのものと塗りつぶしたものがある。単独で描かれたものと、複数の三角文を組み合わせたもの（第10図）とがある。後者のうち三角形の底辺を共有し、頂点を同じ方向に向けて並べたものを連続三角文または鋸歯文と呼んでいる。九州では三角形の各頂点を別の三角形と共有するものが多い。一方、福島県中田1号横穴では

第10図　永安寺東古墳の三角文
頂点が互い違いに配置された連続三角文。

第11図　チブサン古墳の菱形文
赤と白、塗り残しで表された菱形文。

底辺中央に別の三角形の頂点を配置した例がある。輪郭だけのものは、大分県ガランドヤ2号墳、同鬼ノ岩屋1号墳、茨城県虎塚《とらづか》古墳で見られる。連続三角文は、石屋形に施された例のように主文様として用いられたり、福岡県桂川王塚古墳のように器材などの具象文の間を充填する文様として使われたりもする。

菱形文・六角形文　菱形文は熊本県チブサン古墳の石屋形内に描かれた例（第11図）が知られている。しかし、これは連続三角文を表そうとして、底辺を共有した結果、菱形になったのかもしれない。福岡県桂川王塚古墳の石屋形を飾る六角形文は、連続三角文を一定のルールに則って複雑に塗分け連接することによって、結果的に幾何学的な構成美を見せている。

対角線文　頂点と隣接する斜辺を共有した4つの三角文のようにも見えるが、長方形を描いて対角線を引いた図文とも捉えられる。代表的な例は、熊本県千金甲1号墳の石障である。これも、当初は直弧文を表そうとして対角線を引いたところで設計変更し、弧帯を表すことを省略したものとも考えられる。

直弧文　装飾古墳では最も古くから登場する幾何学文の一つである。直弧文とは、1世紀以上前に京都帝国大学の濱田《はまだ》耕作《こうさく》が命名し、直線と弧線とで構成された文様という趣旨であった。しかし、その後の研究の深化によって、線で描かれたものではなく、厳密なルールに基づいて複数条の帯を組み合わせたものであることが分かった。1条の帯は中央が1本、両端が2本ずつの5線によって表現され、切込みを入れて複雑に組み合わせ、何かを緊縛した状態を表現している。直弧文には、福岡県石人山古墳や熊本県長砂《ながさ》連《れ》古墳のようなレリーフ表現や、同井寺古墳のような多彩色に塗分けたものなどの違いがある。装飾古墳独自の図文ではなく、鹿角を加工して製作された刀や剣の装具などにも彫られている。しかし、壁画系が盛行する6世紀には終焉する。

鍵手《かぎて》文《もん》　長方形の中に弧線を引き、そこから短辺と平行に直線を引いた台形のような図文で、直弧文に含められることも多い。福岡県日輪寺《にちりんじ》古墳では線刻（第12図）で、熊本県国越《くにごし》古墳では彩色によって表される。

双脚輪状文《そうきゃくりんじょうもん》　突起を持つ輪に2つの脚が反対方向に跳ねた形の不思議な文様である。幾何学文なのか、何かの形象なのかは判断が付かない。貴人を表した埴輪が被っている帽子のつばを上から見た形がこの形を呈することから、貴人の帽子を象徴した文様であるとする見解がある。かつては、貴人にさしかける翳《さしば》とする見方もあった。あるいは、南海に産出するゴホウラ貝を切断した断面に、この形が現れるといったさまざまな見解が提示されている。福岡県桂川王塚古墳、佐賀県田代太田古墳、熊本県釜尾古墳（第13図・口絵図版7）などが代表例であり、東日本からは見つかっていない。いずれにしても、類例の少ない不思議な図文である。

第12図　日輪寺古墳の鍵手文
風化が進んでいるが、向かい合う鍵手文が刻まれる。

蕨手文《わらびてもん》　春に芽吹く蕨の若芽を連想させるような文様ということでその名が与えられた（第14図）。直線文の先端を下向きの渦巻とした文様だが、蕨の形象であるかは定か

第13図　釜尾古墳の双脚輪状文
右側に双脚が付く。右側へ90度回転させた図文もある。

第14図　珍敷塚古墳の蕨手文
2個の靫の上に傘のように広がった蕨手文。

ではない。背中合わせになって表されるのが普通であるが、この図文が描かれた古墳は多くはない。双脚輪状文と同様に、ゴホウラ貝を切断した断面にこの形が現れると考える見解もある。蕨手文を主文とする福岡県塚花塚《つかはなづか》古墳は、先端の渦巻が下向きではなく上向きになっている。また、大分県貴《き》船《ふね》平下《びらした》の裏山横穴墓群では、同心円の周囲に6つの蕨手文を付けた不思議な文様と化している。厳密な蕨手文とは言えないが、茨城県虎塚古墳の右側壁には蕨手文の基部を結び付けたような図文がある。これに最も近い例は、平城京から出土したいわゆる「隼人の盾」に表されているが、時期・地域とも離れすぎている。

(2) 具象文

船　船は両端を跳ね上げたゴンドラ形に表され、柱、櫂《かい》などを備えている。彩色または線刻で表されている。熊本

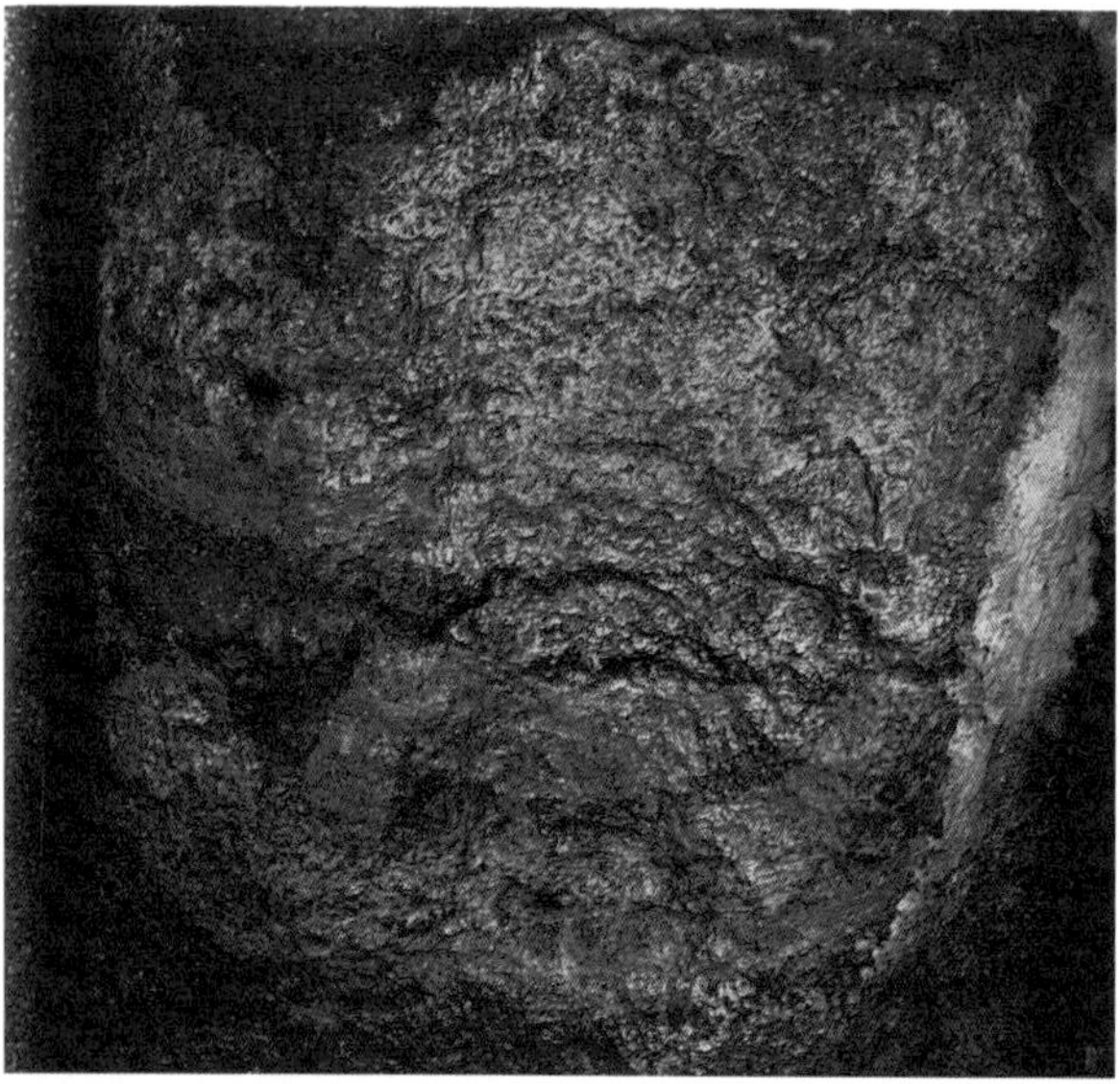

第 15 図　弁慶ヶ穴古墳の船

両端が跳ね上がった2隻のゴンドラ形の船。天鳥船（上）と馬を乗せた船（下）。

第 17 図　桂川王塚古墳の騎馬人物

牛のような形の牡馬。馬上の人物は不釣り合いに小さい。

第 16 図　五郎山古墳の家

神社建築で見られる千木のように棟木の両端が跳ね上がった家。

県弁慶ヶ穴古墳（第15図・口絵図版13）や福岡県珍敷塚古墳のように、舳先に鳥をとまらせて冥界へといざなう「天鳥船《あまのとりふね》」もある。船を単独で表したもの、複数艘を描いたもの、馬を乗せたものなどがある。いわゆる帆船の線刻壁画もあるが、古墳時代の船形埴輪に準構造船はあるけれども、帆船は無いことから、後代の追記である可能性も拭いきれない。また、福岡県五郎山古墳の側壁に表された船については、棺を乗せた葬送用の船（喪船《もふね》）ではないかとする見解も出されている。古墳時代の喪船については、奈良県巣山《すやま》古墳の周濠から木製の部材が出土した例が知られる。

家　埴輪とは異なり、家を表した図文は多くない。福岡県五郎山古墳では、棟木の両端がピンと上に跳ねた家が描かれている（第16図）。神社建築で見られる千木《ちぎ》を持った家か、あるいは入母屋形の家を省略して表した可能性がある。装飾古墳で家が少ない理由は、埋葬施設自体が被葬者の住まう場所であり、あえて表す必然性が認められなかったためだろうか。

馬　6世紀の装飾古墳には、日本列島内に乗馬の風習が普及したことを裏付けるかのように、馬も登場する。単独で描かれたもののほか、福島県泉崎横穴には騎馬人物が、福岡県竹原古墳では馬の口を引く人物がおり、人物と共に描かれる場合もある。また、福岡県桂川王塚古墳の前壁にも騎馬人物像が表されているが、人と馬とのバランスを著しく欠く（第17図・口絵図版1）。もっとも、この馬自体が牛のようにも見えるため、バランス云々の問題ではないのかもしれない。このような不釣り合いは埴輪（たとえば群馬県太田市高林出土品）にもあって、馬に乗るのは被葬者ではなく祭礼時の稚児ではないかと見る向きもある。熊本県弁慶ヶ穴古墳では前室にゴンドラ形の船に乗った馬がある。これは、実際に馬を船に乗せて移動した歴史的な事実を表したとする説と、被葬者が冥界へ渡るための移動手段であると見る説とに分かれている。

第18図　竹原古墳の馬を引く人物

人物像は正面観と側面観とが同居した装飾古墳特有の表現をとる。

人物　細部まで描かれ、多彩なポーズが見られる。福岡県竹原古墳では帽子をかぶり、履《くつ》をはいた人物（第18図）、熊本県チブサン古墳には3つの山を持つ冠をかぶった人物が登場する。熊本県弁慶ヶ穴古墳には、鋭利な工具で表現された人物が入口付近に表される。福島県清戸迫横穴では先述した渦文の右側に大きな人物が描かれるが、右手を腰にあて左手を肩からやや上に上げている。

第19図　穴ヶ葉山古墳の鳥
左向きに線刻された鳥。多くの刻線が重複する。

片手を腰にあてもう一方の手を上げたポーズは力士を表すものであり、福島県原山1号墳や大阪府今城塚《いましろづか》古墳で埴輪が出土している。

しかし、この人物の頭部には眉庇付冑《まびさしつきかぶと》を構成する受鉢《うけばち》や錣《しころ》が表現されている。冑を被った力士がいたのかは分からない。装飾古墳に表された人物は、ほとんどが正面向きだが、少数ではあれ横向きで何かを捧げ持つ人物が描かれたものもある。とくに、福岡県五郎山古墳と福島県泉崎横穴に登場するそれは、後述するように共通の型紙のようなものがあったのかもしれない。

鳥　鳥の中で最も象徴的なのは、船の舳先に描かれた例である。福岡県珍敷塚古墳や同鳥船塚古墳など筑後川中流域に集中する。このように、船と共に描かれる場合は、冥界へ被葬者を案内する信仰にもとづいたのだろう。一方、船が伴わない鳥は、純粋に動物として描写されたものかもしれない。福岡県穴ヶ葉山古墳（第19図）では、木の葉や魚の線刻と一緒だから、動植物など自然界の描写の一環という意味が強いように思われる。福岡県五郎山古墳には、緑の「M」字形の図柄があり、以前から鳥と指摘されている。もしそうであれば、正面から見た鳥を表した大変珍しい例である。茨城県白河内《しらこうち》2号墳や同幡《はた》バッケ6号横穴など東日本にも線刻例がある。

魚　魚には彩色によるものと線刻によるものがある。前者は鳥取県梶山《かじやま》古墳に見られ、千代《せんだい》川を遡上する鮭に見立てて、被葬者を追慕する意図があるとする見解もある。線刻の魚は、鳥取県鷺山《さぎやま》古墳などにも見られるが、いずれも魚種を特定できるほど精密には描かれていない。

鹿　明確に鹿と判断できるものとして、福島県羽山横穴に白で描かれた例がある。これは、毛並みを表現するように繊細に描かれており、耳などの要所には赤が加えられている。模写を行った東京藝術大学の日下《くさか》八光《はっこう》は、筆が用いられたと推定している。その他は、狩猟場面が描かれた福岡県五郎山古墳や福島県清戸迫横穴で、対象獣に鹿が含まれていると類推されるに過ぎない。ただし、王権に欠かせない狩猟儀礼の対象は、鹿とともに猪であるが、装飾古墳のシルエット表現で両者を区別することは困難である。見返るようなポーズがあれば鹿と判断できるが、現状では頸の長さで鹿か猪かと類推されるにすぎない。

植物　福岡県の豊前や豊後の周防灘沿岸には木の葉が線刻された装飾古墳がいくつか知

られている。ただし、葉脈も表され木の葉と分かるのは福岡県穴ヶ葉山古墳だけである。大分県伊美《いみ》鬼塚古墳では、奥壁に樹木が線刻されている。しかし、植物を表した装飾古墳は多くない。

第20図　重定古墳の靫と鞆

並んだ靫（矢入れ）と鞆（防具）を一組として横方向に展開する。

靫　武人が背中に背負う矢筒で、鏃《やじり》を上向きにして収める。前期古墳の副葬品として、あるいは器材埴輪としても早くから登場するが、装飾古墳に描かれるのは6世紀になってからである。特に、福岡県桂川王塚古墳や同重定《しげさだ》古墳（第20図）には並列した靫が表され、茨城県花園3号墳など東日本にも類例がある。九州の石人石馬の中には靫の裏面に人物を彫った扁平《へんぺい》石人がある。装飾古墳の場合も同様に、邪を払う目的で描かれたのだろう。特に、茨城県虎塚古墳には鼓のように中央がくびれた靫が描かれ九州には見られない形状である。

第21図　長岩横穴の盾
右下半が削られるが、上部が山形に突出した革盾。

第22図
五郎山古墳の弓を引く人物
人物・弓と鏃を黒、矢と弦を赤で表した図文。

盾　盾は、靫と同じく6世紀の壁画系装飾古墳に数多く登場する。上縁が山形になるものは革製で、写されたオリジナルの盾は木枠に革を張り鋲《びょう》留めしたものである。福岡県桂川王塚古墳の盾は、左側壁の玄門に近い側に集中しており、外部からの侵入者を意識したものだろう。この盾は中央の金具も表現され実物を忠実に写している。また、熊本県長岩横穴（第21図）や同鍋田横穴のように、横穴外壁にレリーフとして表されたものもある。盾単独で描かれる場合もあるが、福岡県五郎山古墳や福島県羽山横穴のように、人や動物などと共に描かれ被葬者の一代記を表した物語風壁画の構成要素となったものもある。

弓　弓は熊本県鍋田横穴では外壁に彫刻され、

第24図　小田良古墳の鏡
内区と外区を段で表現した鏡。コンパスの中心が見られる。

第23図　石貫ナギノ横穴の刀
浮き彫りされた鞘入りの刀。上が柄頭。

外から墓室に侵入する邪を威嚇している。矢が弓の中央よりやや下寄りにつがえられる点は、実際の弓矢の使用法に適《かな》う。福岡県桂川王塚古墳の靫が配列された右側壁では玄門に近い部分に弓が加えられ、侵入者からの防御能力を高めている。同五郎山古墳には弓を引く人物が登場し、狩猟場面の一部を構成する（第22図）。

鞆《とも》　鞆とは、弓を放った時に弦が手に当たって傷つくことを防ぐため、手首の内側に付けて保護する道具である。佐賀県田代太田古墳や茨城県虎塚古墳の奥壁に見られるが、装飾古墳に描かれることは少ない。

大刀《たち》・刀子《とうす》　大刀は抜身ではなく、鞘《さや》に入った状態で表される。柄頭《つかがしら》、鞘口などの装具を忠実に表現する。表現技法には彫刻（レリーフを含む）と彩色の2つがある。また、物を切ったり削ったりするための小刀の刀子を表したものもある。古墳に副葬された祭器である石製《せきせい》刀子と同様、鞘に入れた状態をシルエットで表すものが多い（第23図）。熊本県広浦古墳の石棺材に見るように、大刀と共に表されたものもある。福岡県桂川王塚古墳では、玄門の前壁に大刀が表され、被葬者の意識が入口付近に集中したことを物語っている。

短甲《たんこう》　短甲は上半身を覆う防具（鎧《よろい》）で、実物には革製もあるものの、副葬品には鉄板を革紐で綴じ合わせるか、鋲で留める形で構成された例が多い。装飾古墳には、熊本県大《おお》鼠《そ》蔵東麓《ぞうとうろく》古墳に線刻された例があるが、複雑な形のためか描かれることはきわめて珍しい。

鏡　円文との区別が難しいが、その中には明らかに鏡を意識したものがある。福井県小山谷古墳石棺のように円文の中心に向けて緩く匙面状に削ったものや、熊本県長迫《ながさこ》古墳のように円文の外縁にそって鋸歯文を表すものがある。また、熊本県小田良《おだら》古墳には、円文に縦線を加えて鏡を懸垂した状態を表したと見られる装飾もある（第24図）。宮城県山畑10号横穴では、珠文の外側に輪を加えた同心円があるが、ここまで便化（単純化）してしまうと鏡か幾何学文かの判別は難しい。

翳　うちわ形の図形に長い柄を付けた威儀具である。貴人の上にかざして頭部の日よけとする。中国では漢代以降に盛行する画像石に表された例がある。福岡県竹原古墳の彩色された例（第25図）が有名だが、佐賀県永池古墳には線刻されたものがある。なお、かつて双脚輪状文が、翳ではないかと考えられたこともあったが、現在では別物とみる向きが多い。

その他　きわめて珍しい例として、茨城県虎塚古墳には首飾りや火打鎌を入れるための燧袋《ひうちぶくろ》とされる例がある。ただし、後者は鐙《あぶみ》とする見解もあって判然としない。

第25図　竹原古墳の翳
奥壁の画角を区切る、赤と黒で描かれた翳。

以上、装飾古墳で見られる主な文様について述べた。表された文様の中には、幾何学文か具象文か、後者であれば何を写したものか判然としないものも少なくない。自由画風の画題になると、具象文なのかメッセージ性を高めるために描き加えられた幾何学文なのか識別しがたいものもある。たとえば、福島県清戸迫横穴の渦文や同羽山横穴のジグザグに蛇行

第26図　永安寺東古墳の垂れた顔料
石を立てて図文が描かれたことが推定される。

する直線文がその例である。また、8字形文などと記録された例もあり、考古学者が命名に苦慮したことがうかがえる。もちろん、古く開口した古墳では、築造当時からの図文なのかはっきりしない例も少なくない。とくに線刻の中には不明な図柄が多く、長崎県で報告されている、帆をいっぱいに張りつめた帆船のような図文は、はたして古墳時代のものか慎重に取り扱う必要がある。分光学的な残存顔料の分析、あるいは刻まれた線の詳細な画像解析などが進展するならば、将来には、後代の加色・追刻なのかが識別されることも期待される。

(3) 顔料

使用された顔料は、すべて天然に産出する鉱物、粘土をそのまま材料としている。赤のみで図文を描く古墳が大半で、すべて鉄を主原料とするベンガラである。ただし、同じ九州でも、肉眼観察によれば熊本県の方が粘度の高い濃い赤（第26図）で、福岡県の方が淡いように見える。原料や製造方法が異なるのかも知れない。古代の赤色顔料には水銀朱（辰砂《しんしゃ》）もある。たとえば、奈良県法隆寺金堂壁画や鳥取県上淀廃寺《かみよどはいじ》跡《あと》出土壁画など飛鳥時代に遡る初期寺院の壁画には、水銀朱が使われている。また、鉛丹《えんたん》も日本画や釉薬に使われるが、装飾古墳からは報告されていない。1基の古墳での最多色は、福岡県桂川王塚古墳の赤・青（灰色）・黄・緑・白・黒の6色である。このうち、装飾古墳の青は、分光学的には灰色とされている。日本画でよく使われる緑青《ろくしょう》や、化学合成によって製造されたものは無さそうである。一方、壁画古墳である高松塚古墳の壁画は、水銀朱・墨・緑青が使用されており、装飾古墳よりも法隆寺や上淀廃寺の仏教壁画に近いことが指摘されている。壁画古墳と装飾古墳との間には、画題や画法だけでなく顔料成分においても断絶が認められる。

装飾古墳に描かれたもの

装飾古墳に描かれた装飾のモチーフは、幾何学文と具象文とに大別される。厳密にいえば、何かを形象しているものを「文様」、画面のうち主たる「文様」の間を埋めているものを「模様」と呼び分けることもできよう。しかし、双脚輪状文のように何かの形象（たとえば、貴人の帽子）なのか、幾何学模様として充填されただけなのかが区別できないものも少なくないから、この区別を細部まで適用することは難しい。そこで、本書では「図文」という呼び方に以下統一した。また、描かれた器物と副葬品との関係にも注目したい。福岡県桂川王塚古墳から出土した実物の馬具は、質量とも他の古墳を圧倒する。特に、馬を手綱で制御するために口にはめる轡《くつわ》は、３セット副葬されている。この古墳では、玄門の前室側に赤と黒で上下３段に騎馬人物像が描かれるが、壁画中の馬具と実際に副葬された馬具とでは、明らかに形態が異なる。もっとも、描かれた馬に乗る人物が極端に小さいため、先述したように祭礼時に稚児を乗せたような儀礼用の飾り馬であり、被葬者が実際に所有した馬ではないので副葬された馬具と一致しなくても何ら不思議ではないと見る向きもあるだろう。同様な、描かれた馬と馬具の不一致は、福岡県竹原古墳も当てはまる。

この問題は、埴輪や石人石馬でも同様で、器物の造形描写の忠実性と密接に関わる問題である。人物や馬を形象した埴輪に型式学的に、使われた年代の矛盾する器物の組み合わせが見られることは、ことさら珍しいわけではない。例示した2古墳のような彩色壁画の完成度であれば、専門の画工の手になったと見てもなんら不思議ではないし、彼らは絵画の伝統としてあらかじめ決められた様式的な表現を踏襲していたと見るのが自然である。

要するに、装飾古墳の図柄は写生ではなく一種の象徴と見られるのだ。したがって、何を描き、何を描かないかは発注者である被葬者と絵を描いた画工との選択性によって左右されたのだろう。特定の画題を構成するモチーフの組み合わせや呪的威力を有する器物などは、すでに固定しており、特定のメッセージを発出するための一種の記号として受け継がれていたのかもしれない。

第 27 図　千金甲 1 号墳の靫と対角線
対角線が靫と重なっており、施文が途中で変更されたことが分かる。

図文に込められた意味を探る（三角文）

それでは、実際に、装飾古墳の図文はどのような意味をもって表されたのだろうか？　私たちは直接、当時の画工に問うことはできないけれど、人間の手で描かれたものだから、丹念に見ればいくつかの手掛かりは残されている。たとえば、第27図（口絵図版６）に示した熊本県千金甲1号墳からそれを読み取ることができる。ここには、同心円文の列と靫の列とが交互に彫刻され、彩色されている。よく見ると、靫の列には対角線を引いた長方形が上下2段に表されている。靫の彫刻線と比べると、この長方形の対角線は消え入りそうなので、長方形が先に表され、何らかの理由で靫に設計変更されたと推定される。石障自体を取り換えなかったのは、最適な材料が見つからなかったからなのか、それでも良しとした古代人のおおらかさの故なのか。さて、この対角線を引いた長方形とは何だろうか？　そこで、思い当たるのが直弧文である。直弧文の描き方は、まず長方形に対角線を引き、その交点からコンパスを何度も回転させながら、外へ外へと弧状の図形を展開させていく。つまり、この装飾の作者は、まず直弧文を描こうとし、長方形に対角線を引いたところで、理由は分からないけれども靫に変更したのではないだろうか。つまり、この設計変更が意味するものは、直弧文と靫とは図形に込められた思いが共通しており、置き換えても伝えようとするメッセージには変わりがなかったということだろう。

　ところで、埴輪には靫を象《かたど》った器材埴輪があって、表面の鏃をむき出しにした矢筒部に直弧文が刻まれたものが多い。裏面はそれが自立するための円筒になっている。奈良県室宮山《むろみややま》古墳、大阪府萱振《かやふり》1号墳、京都府庵寺山《あんでらやま》古墳が代表的な例であり枚挙にいとまがない。そのうちの一つ、三重県石山古墳では、後円部の埋葬施設を取り囲む方形の埴輪列の外側に、鏃を外部に向けた形で靫形埴輪が置かれていた。つまり、これは古墳の外から来る邪が被葬者の眠る空間に侵入することを拒むという意味合いが強い。熊本県千金甲1号墳の靫も設計変更前に描かれようとした直弧文も、結界を張り巡らせて内と外の行き来を遮断する図文であったと理解することができる。

さらに、この靫と関連性の強いのが連続三角文である。福岡県桂川王塚古墳では、右壁に靫、左壁に盾の列が描かれ、その間を連続三角文で埋めている。つまり、連続三角文は靫や盾と親和性の高い図文と見ることができ、内と外との往来を遮断するための結界を象徴した記号の一種と見なせよう。たとえば、熊本県大坊古墳や福岡県桜京2号墳では奥壁沿いの石屋形だけに、熊本県永安寺東古墳では石室入口は円文だが、被葬者が眠る玄室入口（玄門）だけに連続三角文が表されている。いずれも被葬者が外界へ飛び出したり、外界から邪が埋葬空間に侵入したりすることを妨げる意図をもって描かれたとみて大過ないだろう。

図文に込められた意味を探る（円文）

これと異なる文脈の図文が、同心円文である。同心円は、最古の装飾古墳と目される福井県小山谷古墳や岡山県鶴山丸山古墳の石棺に表され、直弧文と並んで古くからある図文の一つである。これは、古くから鏡あるいは太陽を象ったものと考えられてきた。もちろん、鏡は太陽光を反射する道具としても使えるからどちらか片方に決定することは難しいし、三角縁《さんかくぶち》神獣鏡に象徴される古墳時代初めからの神仙思想が影響したと見る見解も否定できない。そこで、まずこの観点から円文の意味について考えてみよう。

　前期古墳に副葬された三角縁神獣鏡には、奈良県黒塚古墳の発掘調査で確認されたように、遺骸側に鏡面を向けるのが原則である。博物館で展示される側が鏡背面で、鏡面は無文で平滑に磨き上げられている。神仙思想の経典『山海経《せんがいきょう》』によれば、鏡に映る姿で妖怪か否かを識別するので、被葬者側に鏡面を向けないと意味をなさない。だから、黒塚古墳の副葬状態は理に適っている。ただし、装飾古墳に表された鏡と目される図像には、鏡面を遺骸側に向けた例と鏡背を遺骸側に向けた例の2つがあることは、注意しなければならない。前者の代表は福井県小山谷古墳の石棺で、よく見ると中央の鈕《ちゅう》から鏡縁に向かって鏡の背面の微妙な反りまでもが表現されている。後者は、熊本県長迫古墳や同小田良古墳で、遺骸の側に鏡背面の鋸歯文や鈕が表されている。したがって、装飾古墳に表された鏡には神仙思想とは別の意味もあったのではないかという説も成立する余地がある。つまり、表現されるのは鏡であればよく、その向きは問われなかった可能性である。

本来、化粧道具であった鏡を神仙思想に必須の道具として用いることは、日本独自であるが、中国には無いもう一つの使い道が古典文学に記録されている。それは、荒れた海を鎮め、凪《な》いだ海での航海を祈願するための道具としての使われ方である。たとえば、『土佐日記』の住吉には以下のような一節がある。

〈もはら風止まで、いや吹きにいや立ちに、風浪の危ふければ揖取《かじとり》又いはく「幣《ぬさ》には御《み》心《こころ》のいかねば御船も行かぬなり。猶うれしと思ひたぶべき物たいまつりたべ」といふ。又いふに従ひて「いかゞはせむ」とて「眼《まなこ》もこそ二つあれ。ただ一つある鏡をたいまつる」とて海にうちはめつればくちをし。さればうちつけに海は鏡の面《おもて》のごとなりぬれば、或人のよめるうた、

「ちはやぶる神の心の荒るる海に鏡を入れてかつ見つるかな」

いたく住の江の忘草、岸の姫松などいふ神にはあらずかし。目もうつらうつら鏡に神の心をこそは見つれ。揖取の心は神の御心なりけり〉

【現代語訳】

全く風が止まず、ますます吹き、ますます波が立って、風波が危険な状態となったため、船頭が言うには、「この御幣《ごへい》では神の御心が満足しないので、船も進みません。やはり神が嬉しいとお思いになる物を差し上げてください」とのこと。船頭に従い「どうしようもない、目でさえ二つあるのに、たった一つしかない鏡を神に差し上げる」として海中に投げ入れたのはたいへん残念だった。すると、途端に海は鏡面のように平らになった。ある人がよんだ歌は、

「荒れる海に鏡を投げ入れると、海が途端に静かになった。ありがたい一方、欲張りな神の本心を鏡に見たようだ」

住之江の忘れ草、岸の姫松などの優雅な歌枕から想像される神では全くないようだ。鏡によってはっきりと神の本心を見た。船頭の心は神の御心そのものだ。

古代に鏡が航海の安全祈願に用いられたと考えられる考古資料として有名なのは、福岡県宗像《むなかた》・沖ノ島に奉献された鏡だろう。ここでは、巨岩の上や岩陰に祭祀遺跡が営まれるが、その最古段階には三角縁神獣鏡や仿製鏡《ぼうせいきょう》が供献されている。それらは近畿の前期古墳

に副葬された鏡にも引けを取らないが、島内に古墳は1基も築かれていない。したがって、沖ノ島の鏡は副葬品としての神仙思想では説明がつかない。同じく、海の神々へ捧げられた三重県神島の八代《やつしろ》神社に伝世する多くの鏡も、この島内に古墳は確認されていないから、宗像・沖ノ島同様、航海の安全祈願に用いられたものかもしれない。

第28図　珍敷塚古墳の天鳥船
鳥が先導し、漕ぎ手によって右側に進むゴンドラ形の船。

それでは、装飾古墳における航海とは何を意味しているのだろうか？　装飾古墳で同心円文が集中するのは筑後川中流域であるが、この地域で鏡と共に多く描かれた図文は船である。特に、福岡県原古墳や同鳥船塚古墳では、船と同心円が奥壁の主文様を構成する。近接する福岡県珍敷塚古墳の場合は主文とは言えないけれども、鳥によって先導される図文（第28図・口絵図版9）の意味は共通する。つまり、その航海とは死後の世界への航海である。これらは、古墳時代に海の彼方に死者の国があったとする死生観、すなわち海上他界観があったことを裏付けている。鏡は、まさに海上他界へ安全にわたるための道具に他ならなかったのだ。

平成8年（1996）、奈良盆地の中央に位置する島の山古墳で大きな発見があった。この古墳は全長200mをはかる前方後円墳で、前方部で検出された埋葬施設から、木棺を被覆する粘土の上面に133点の腕輪形石製品が貼り付けられているのが見つかった。腕輪形石製品とは、奄美・沖縄などの南海に産出する貝を加工した装身具（貝輪）を、碧玉・緑色凝灰岩（グリーンタフ）で模造した石製品である。ゴホウラ製貝輪を模した鍬形石《くわがたいし》、オオツタノハ製貝輪を模した車輪石、イモガイ製貝輪を模した石釧《いしくしろ》の3種があり、倭《わ》王権の中枢から地方首長に配布されたと見るのが通説である。それでは、なぜ、南海産の貝輪が石に写されたのか？　石は材質的に堅牢で、長期の死出の旅路でも腐朽することはない。永遠に壊れない石の腕輪を伴って、海上他界のある南海へ、倭王権中枢の首長たちは渡海しようと考えていたのではなかろうか。さらに前に言及したように、同じ大和盆地では、奈良県巣山古墳で周濠から直弧文レリーフを表した波除板《なみよけいた》が出土した。これは、葬送儀礼で用いられた、いわゆる喪船の部材と考えられている。おそらく、古墳に埋葬される前に首長の遺骸は、喪船に乗せられて埋葬施設へと向かう、『古事記』仲哀記に記述されたような儀礼が行われたのではなかろうか。この場合は、周濠に浮かぶ古墳そのものが海上他界に見立てられたのだろう。

以上、装飾古墳で普遍的に見られる三角文と同心円文の意味について考察してきた。論点をまとめると、①三角文－直弧文－靫・盾、②同心円－船というグループが抽出できそうだ。この２系統の観念は、装飾古墳の主要な図文として、言うなれば装飾古墳を基層で支えていた死生観として受け継がれていく。

装飾古墳の築造年代と分布

装飾古墳の登場は４世紀中葉～後半、終焉は７世紀前半である。前方後円墳の発生から１世紀ほど遅れ３世紀にわたって継続し、飛鳥時代の到来と共に消滅する文化と言えるだろう。その間に画題や構図も変化している。古くは幾何学文が多く、次第に器材が加わり、６世紀になると彩色壁画（いわゆる壁画系）が加わる。装飾技法は、彫刻やレリーフが古く、線刻については全期間を通じて見られる。また、時を経るにつれて画題も豊かになり、自由画風の複数の図文を組み合わせて描かれた画題も見られるようになる。６世紀中葉以降になると、特別史跡に指定された福岡県桂川王塚古墳に代表される豪華絢爛《けんらん》な装飾や、同珍敷塚古墳や同竹原古墳のようなメッセージ性の強い物語風画題が登場する。つまり、

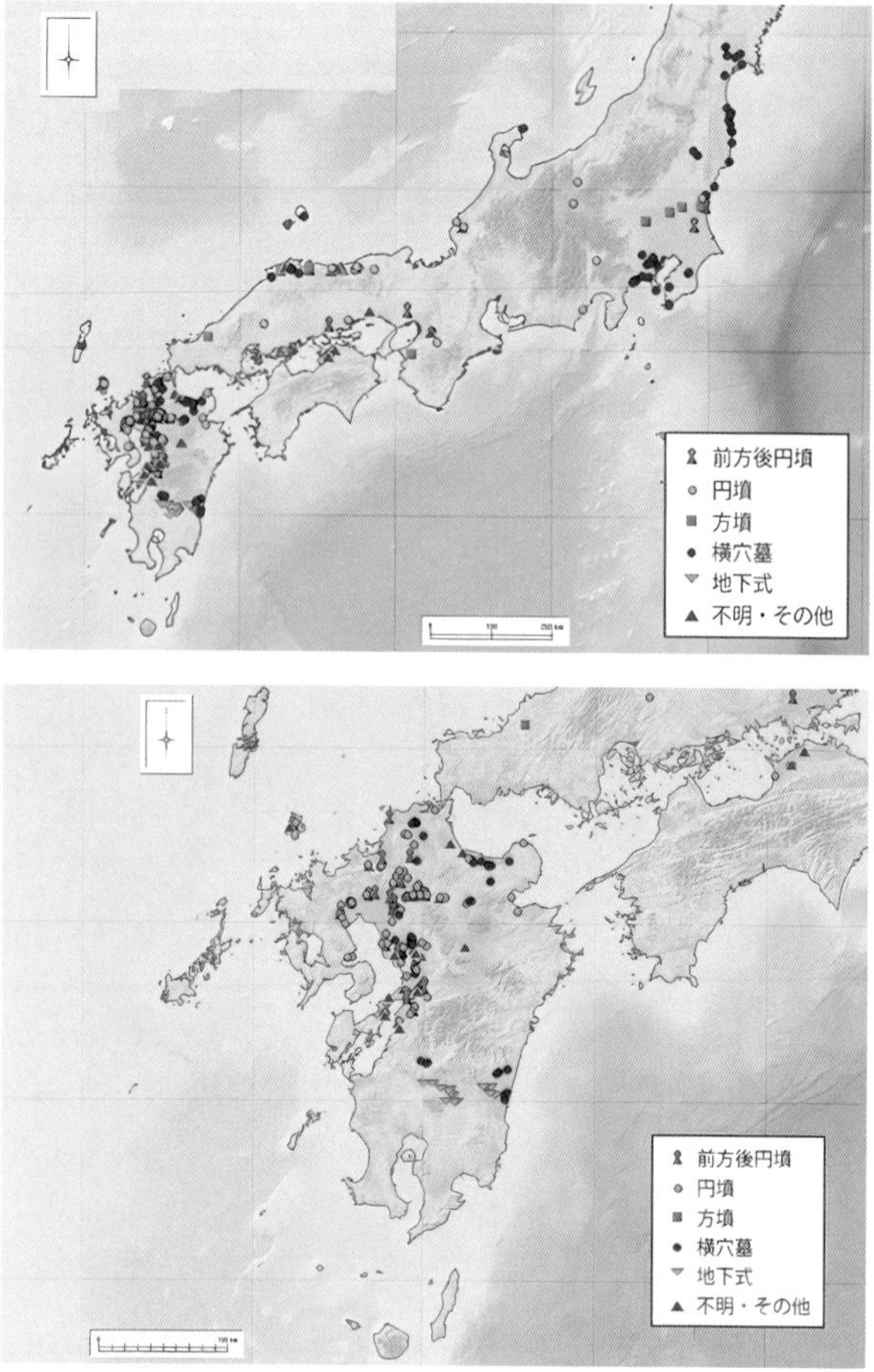

第 29 図　装飾古墳の分布図

装飾古墳は九州、南関東～南東北、山陰に集中しているが、近畿中央部は少ない。本州では主に海岸沿いに分布する（九州国立博物館「装飾古墳データベース」より）。

九州北部および中部では6世紀中葉をひとつの転機として、装飾古墳の性格ががらりと変わる。その歴史的背景として、同地を舞台に勃発した筑紫君磐井の乱が早くから指摘されている。

装飾古墳の築造数については全国で約６６０基が知られている。しかし、記録に留められずに破壊されたものも多く、正確な実数は不明である。分布は大きく偏っていて、半数以上が九州の北部および中部、つまり福岡県・熊本県・佐賀県などに集中する（第29図）。次いで関東から南東北にかけての地域、神奈川県・千葉県・茨城県・福島県・宮城県である。当地域は横穴が多く、高塚古墳は少ない。また、一様に分布するのではなく、拠点的な核が認められる。鳥取県を中心とした山陰東部などにもある程度、集中する。しかし一方で、倭王権が誕生した地であり、古墳文化をリードしたはずの近畿地方中部、現在の奈良県・大阪府・京都府・兵庫県などには少ない。この事実が、長らく装飾古墳がローカルな古墳文化と見なされてきた一因であった。この変遷と分布に係る問題については、第３章以降で私見を披《ひ》瀝《れき》することとしたい。

第2章　研究の略史とデジタル・アーカイブ化

本章では、各論に入る前に、装飾古墳の研究史と保存への取り組みについて簡単にまとめておこう。

江戸時代の記録

装飾古墳は、古くは江戸時代から、描かれた「文様」または神代の「文字」として国学者の関心を集め、さまざまな記録に留《とど》められた。当時は、現在の考古学調査で用いられるような正射投影図や写真などはなかったので、正確な測量に基づかない手描きのスケッチが主流であった。したがって、記録の正確さという面では現代の考古学研究の基礎となっている実測図面とは比較にならない。けれども、『筑後《ちくご》将士軍談《しょうしぐんだん》』を著した久留米藩の国学者、矢野《やの》一貞《かずさだ》が記録した熊本県鍋田横穴のように、現在では失われてしまった図文を復元する場合には、唯一無二の貴重なデータを提供してくれる。

京都帝国大学による調査

明治・大正期になると、欧米から導入された組織的な発掘調査や考古学研究が日本でも開始されるようになった。特に、京都帝国大学文科大学による福岡・熊本両県下の装飾古

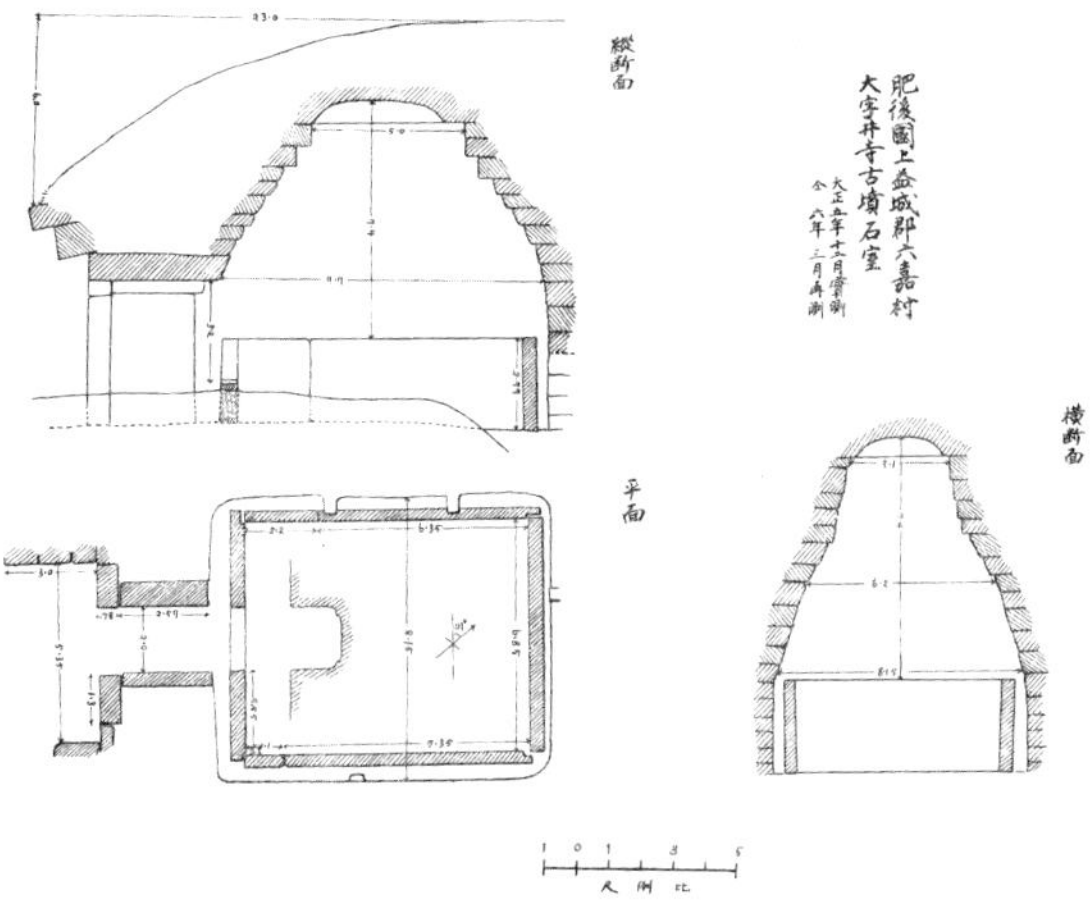

第30図　京都帝国大学の調査（井寺古墳）
直弧文が描かれた石障は、別に模写された（京都帝国大学1917による）。

墳の調査は、発掘調査の学術報告書の先駆けとなった。日本考古学の黎明期の研究対象に装飾古墳が選ばれた背景には、京都帝国大学で調査を推進した濱田耕作が、ヨーロッパで美術史から生まれた古典考古学を学んできたことの影響が感じられる。

大正6年（1917）に発行された熊本県の装飾古墳の報告書には、要所を計測して描かれた横穴式石室や横穴墓の平面図と断面図が掲示されており、その図版には拓本（熊本県井寺古墳・同千金甲1号墳）、線描による模写（茨城県吉田古墳）および彩色による模写（口絵図版の熊本県井寺古墳・同千金甲1号墳の石障、同鴨籠《かもご》古墳の石棺蓋）など、さまざまな遺構の記録方法が試みられている。しかし、現在の発掘調査報告では欠かせない墳丘と埋葬施設の位置関係の図示や、装飾された石障以外の石室の石積みの図化については掲載されていない（第30図）。このことから、遺跡の全体評価への関心がこの時期はまだ高くなかったと考えざるを得ない。

しかし、その2年後の熊本県釜尾古墳の調査報告文では、大きな変化が認められる。まず、墳丘と石室の位置関係や周辺地形が測量に基づいて図化されている。壁画模写の精度も向上し、単色でベタッと塗りつぶすだけでなく、顔料の擦《かす》れや文様の汚れなどにも気を配って記録されている。さらに、装飾のない石室内の壁も、全てではないけれども、実測を踏まえて表現されている。つまり、装飾古墳データを構成する立体情報、色彩情報を記録する方法が、2年間のうちに格段に進化したことがうかがえる。

同じ報告文の図版には、装飾古墳である福岡県浦山古墳の模写図も掲載されている。その図を見ると、石棺断面のみならず見通しによって石室の石積みや棺内の直弧文までもが表現されている。これは現在の正射投影図に基づいて記録された横穴式石室の作図法と共通するものだ。いったいなぜ、短期間の内にこのように記録技術が進化したのだろうか。

それをうかがい知る手掛かりが、この浦山古墳の報告文中にある。それは石棺模型の製作を通して、埋葬施設の構造について解説されていることである。つまり、立体構造物の記録技術の急速な進歩の背景には、京都帝国大学の考古学教室における模型製作の実習経験が活きていたと思われる。また、この一連の報告書では顔料の化学的な成分分析も試みられている。現代にまで受け継がれる、装飾古墳の文化財科学および保存修復への取り組みが芽生え始めたと位置付けられよう。

桂川王塚古墳の発見

昭和9年（1934）、福岡県桂川王塚古墳（王塚古墳）が炭鉱に伴う採土工事によって発見された。発見の報を受けて、福岡県は直ちに川上市太郎を派遣して調査を行った。さらに、前代未聞の絢爛豪華な彩色壁画も、ただちに伊勢幸平・藤野不二男両名に命じて模写が開始された。引き続き、京都帝国大学により学術調査が実施され、構成が入念に練り上げられた発掘調査報告書が刊行された。これは、カラー図版を備え、石室のみならず副葬品においても現代の考古学的な検討水準に十分耐えうるものである（第31図）。ここに装飾古墳の記録方法は、現代のデジタル技術を活用する記録が登場するまで、変える必要のない水準の完成を見たと言っても過言ではないだろう。

第 31 図　桂川王塚古墳の実測図
水彩の濃淡を活かして、壁画の褪色や石材の色調を表現した点は、現在の実測図を超えている（京都帝国大学 1939による）。

なお、参考までに装飾古墳ではないけれど、立体的な遺構の記録の到達点として、昭和12年（1937）に刊行された奈良県石舞台古墳の報告書にも言及しておこう。その写真図版には、実測にあたって石室内外に遣《や》り方を組み、照明を設えたことが写り込んでいる。石舞台古墳の石室実測図は、ケバや陰影表現が勝ちすぎていて、現代の目から見ればやや違和感がぬぐえない。けれども、最初に福岡・熊本両県の装飾古墳の報告書が作られてから約20年の、昭和10年代の前半には現代まで受け継がれる横穴式石室を忠実に記録する作図法が確立していたのは驚くべきことである。

戦後の取り組み

戦後になって、自治体行政による埋蔵文化財の保護体制が確立するまでの間、装飾古墳の調査と保護が、中学や高校のクラブ活動の一環として、興味関心の高い教諭や生徒達によって行われるのは珍しいことではなかった。熊本県弁慶ヶ穴古墳、福岡県桜京２号墳などはそのような発見例である。とくに熊本県山鹿高校は、石室内部に人が住みつき焚火が行われ石室全体が真っ黒に煤《すす》けていた弁慶ヶ穴古墳を、教諭であった原口長之《はらぐちながし》の指導の下、壁面を洗浄し続々と雄大な極彩色の壁画を発見するという快挙を成し遂げた。

　昭和31年（１９５６）に福岡県竹原古墳が発見されると、折からの考古学ブームも追い風になって、装飾古墳への国民的な関心は一挙に高まった。カラー図版を揃えたさまざまな図録や雑誌が相次いで刊行されるようになり、昭和47年（１９７２）の高松塚古墳の壁画発見でそれは頂点に達した。しかし、壁画古墳の発見によって高まった興奮の一方で、すでに昭和39年（１９６４）には、『太陽』の特集「日本の原始絵画　崩れゆく装飾古墳」が刊行され、図文の褪色や損傷、保存環境の荒廃の問題が告発されていた。この企画は保存対策の緊急性と重要性とを強くクローズアップさせることになり、熊本県でも、昭和48～49年度（１９７３－１９７４）、56～58年度（１９８１－１９８３）の５ヶ年に亘って装飾古墳の悉皆的な基礎調査が県下で実施されることとなった。

　しかし、その『太陽』でさえ特集記事の最後の有識者アンケートでは、装飾古墳の存在を知らない、見たことがないとの回答が多い。ましてや研究者以外は推して知るべしであろう。行政だけではない。福岡県桂川王塚古墳では、地元在住の西村二馬《にしむらつぎま》を中心とする住民たちが主体となって石室内の水の汲み出しや防水工事が実施され、地域ぐるみで装飾古墳の保存に取り組んでいた。とくに、この古墳の発見は炭鉱開発も絡んでいたために、関係者に立ち向かいながらの装飾古墳の保護は命がけだったという。装飾古墳を守るために立ち上がった、このような個人・団体は少なくない。その懸命な努力のお陰で、装飾古墳の美は現代にまで守り伝えられてきたことを私たちは忘れてはいけない。

一方、美術史からのアプローチとして、装飾古墳の模写に半生を捧げた日下八光の業績を抜きにしては語れない。文化財保護委員会からの委嘱を受けて、宇治平等院解体修理の模写作業を行っていたが、昭和30年（１９５５）以降、九州北部および中部の装飾古墳および東日本の装飾横穴の模写作業と研究を精力的に遂行した。それらの作品を見ていると、単なる模写を超えて石室を彩った、当時の描き手たちの息遣いまでもが聞こえてくるようである。

保存への取り組みの本格化

昭和44〜46年度（１９６９－１９７１）には、かねてより保存環境の問題が懸念されていた福岡県桂川王塚古墳を対象として、学際的な専門家による委員会が組織され、装飾古墳の保存に関連した総合的な調査研究事業が行われるようになった。また、市民団体である「装飾古墳を守る会」では、福岡・熊本両県の保存管理の実態をパトロールして、昭和49年（１９７４）、昭和53年（１９７８）に『装飾古墳白書』が刊行された。ちょうどこの頃から、装飾古墳の研究は、考古学や美術史から文化財科学、保存修復科学の領域へと大きく舵《かじ》を切ることになる。彩色壁画を持つ古墳を中心として、装飾古墳の保存・公開に向けて行政の取り組みや有識者を含めたさまざまな検討会議が積み重ねられた。古墳が所在する地元自治体を中心として、徐々に保存対策が講じられ管理体制が整備されるようになった。石室開口部には開放型の保存施設が設けられ、やがてそれはガラス窓を通じて石室の中をのぞき込む方式の密閉型保存施設へと改築されるようになった。その結果、石室内環境はウェットな（湿度１００％近い）状態で保持されることが主流となった。

さらに、個別古墳で取り組まれてきた装飾古墳の保存管理をより横断的な組織レベルで行うために、熊本県では拠点として熊本県立装飾古墳館が設置され、福岡県では保存連絡協議会が発足することになった。その後、東京文化財研究所による保存環境の分析調査、熊本県立装飾古墳館と共同での石室内環境モニタリングなどが実施され、現在、主な装飾古墳では目視だけでなく数値化されたデータに基づいた保存管理が普通のことになっている。

平成16年（２００４）、「飛鳥美人」として知られた奈良県高松塚古墳でカビが発生し壁画が汚染されていたことが報道され、石室を解体するというショッキングな事態となった。同年、同キトラ古墳にも同じ危険性が指摘され、壁画ははぎ取り保存されることとなった。高松塚古墳の壁画は、13年の修理を経てカビの除去が終了したが、２つの壁画古墳の問題と経緯は、不動産文化財の壁画を現地保存することの難しさを浮き彫りにした。文化庁は、古墳壁画室を設置して、高松塚古墳およびキトラ古墳だけでなく、装飾古墳の保存活用についても検討会を開催した。さらに、平成28年（２０１６）４月に発生した熊本地震は、震源地が装飾古墳の集中域であったこともあり、多くの遺跡が被災し、その復興は現在も進行中である。その中で大きくクローズアップされたのは、装飾古墳の記録方法が従来のような手測りの実測図と写真では十分とは言えず、立体構造物である埋葬施設を３次元データとして記録する、いわゆるデジタル・アーカイブの必要性である。

今まで見てきた装飾古墳の調査・保存の略史をたどってみると、実際の古墳の保存と記録保存の技術の進歩とが両輪となって研究が進展してきたことが分かる。最近では、石室内をデジタル計測して３次元モデルを構築し、さらに補正した色情報を重ね合わせることで構成したデジタル・アーカイブが、他の遺構の記録と同様に装飾古墳でも試みられるようになってきた。たしかに、人間の手による実測や模写という記録方法では、誤差や主観的な表現を完全に排除することはできない。また、手《て》測《ばか》りでは記録した部分以外の情報は残すこともできない。装飾古墳は日々変化している。突然の災害などで崩壊することもあれば、日々や季節ごとの温湿度変化で徐々に石室が変形したり、顔料の剥落やカビやコケによる壁画の汚染などで、かつては明瞭に見えていた装飾が失われたりする可能性も否定できない。装飾古墳の保存と公開の葛藤の歴史は、これからも決して止むことは無いだろう。

デジタル・アーカイブの導入

日々、刻々と状態が変化する装飾古墳を定点観測するための、従来の実測図に代わる研究の基盤として、デジタル技術を活用した記録方法が各地で試みられるようになってきた。とくに、平成28年（２０１６）の熊本地震以降、デジタル・アーカイブがひときわ注目されるようになったことは先述した。デジタル・アーカイブとは、装飾がある部分だけの撮影や計測という部分的な記録ではなく、装飾古墳の石室や墳丘を、まるごと計測してデジタルデータに変えるものだ。なぜ、古墳全体をデジタル化して記録しなければならないのか。それは、厳重に管理し保存する一方で、地域の歴史研究や社会教育の資源としても活用しなければならないという、両立が難しい装飾古墳特有の課題を解決するために、現在、考えうる最適な方法だからである。

装飾古墳の場合、新発見への対応はもちろん、すでに保存施設が完成している装飾古墳でも、客観的なデータに基づいた石室内環境の変化への対応や組織的な管理が今まで以上に求められるようになった。装飾古墳は一度口を開けたら、元には戻せない。しかも、周辺環境・立地・施文範囲・石室内の空間容量など、壁画を取り巻くさまざまな条件によって対応は大きく変化する。ある古墳での成功事例が、全てにおいて該当するということは無い。したがって、「走りながら修正する」に足る十分な財源の確保と、横断的な情報交換の場が不可欠となる。

装飾古墳のデジタル・アーカイブ化の方法

立体構造物である横穴式石室を、デジタル技術で記録する手法には、大きく以下の３つが考えられる。第1は、レーザー3次元計測機によって石室全体の形状データを取得し、その上に色彩情報を重ねてゆく方法である。東京大学池内《いけうち》克史《かつし》研究室（当時）・朽津《くちつ》信明《のぶあき》（東京文化財研究所）・凸版印刷株式会社による共同研究によれば、九州北部および中部の10基の古墳を計測し、それらを映像番組に加工して九州国立博物館のシアターで映像展示を行った。通常は、ガラス越しにしか見ることができない装飾図文に肉薄し、どの場所にどんな図柄が描かれたかが分かる、臨場感あふれた映像コンテンツである。しかし、計測機を一度立てただけで石室全体の形状を計測できることは稀である。複室構造の石室や羨道部分はどうしても死角になるから機材を立て直さねばならない。複数回にわたって取得したデータの位置を合わせるためには、情報工学の技術支援が不可欠である。また、データの取得や加工にも、専門的な知識と熟達した機器操作が必要である。さらに計測作業にかかる経費も安価とは言えない。

　しかし、この手法で得られた形状データは、考古学的検討にもたえうる、あるいはそれ以上に精密なものである。しかも、分光学的見地から補正した色彩情報をこの形状データに与えていくことによって、最も実物に近い客観的な3次元データを構成することができる。したがって、たとえば生物被害を防止するために、石室内の環境変化をシミュレーシ

第32図　装飾古墳の計測風景
ポールの先にカメラを付けて、石室上部の写真撮影を行う（久留米市教育委員会・株式会社とっぺん協力）。

ヨンするといったような詳細な解析も可能となる。福岡県石人山古墳のように森林の中の装飾古墳の場合では、周囲に繁茂する樹木の生え具合によって石室内および保存施設内に、日光が差し込んだり蔭になったりする部分が、刻々と変化していく。このため、あらかじめ周囲を取り込んだVRモデルを構築し、カビやコケが生えやすい環境をシミュレートすれば、環境管理や保存施設の設計に有益な情報が得られるだろう。

第2は、写真測量を応用した3次元画像である（第32図）。この方法はフォトグラメトリーとも呼ばれる。石室内をオーバーラップさせながら何枚もの写真を撮影し、両眼視差の原理によって逆に3次元画像を再構成するものである。立体形状の精度は、画像の解像度と撮影枚数によって左右されるから、精巧な石室立体モデルを構成しようと思えば、高解像度のカメラが必要で撮影枚数も膨大なものとなる。また、実際に距離を計測する訳ではないので、精密さの点ではレーザー3次元計測機には劣ってしまう。しかし、この方法

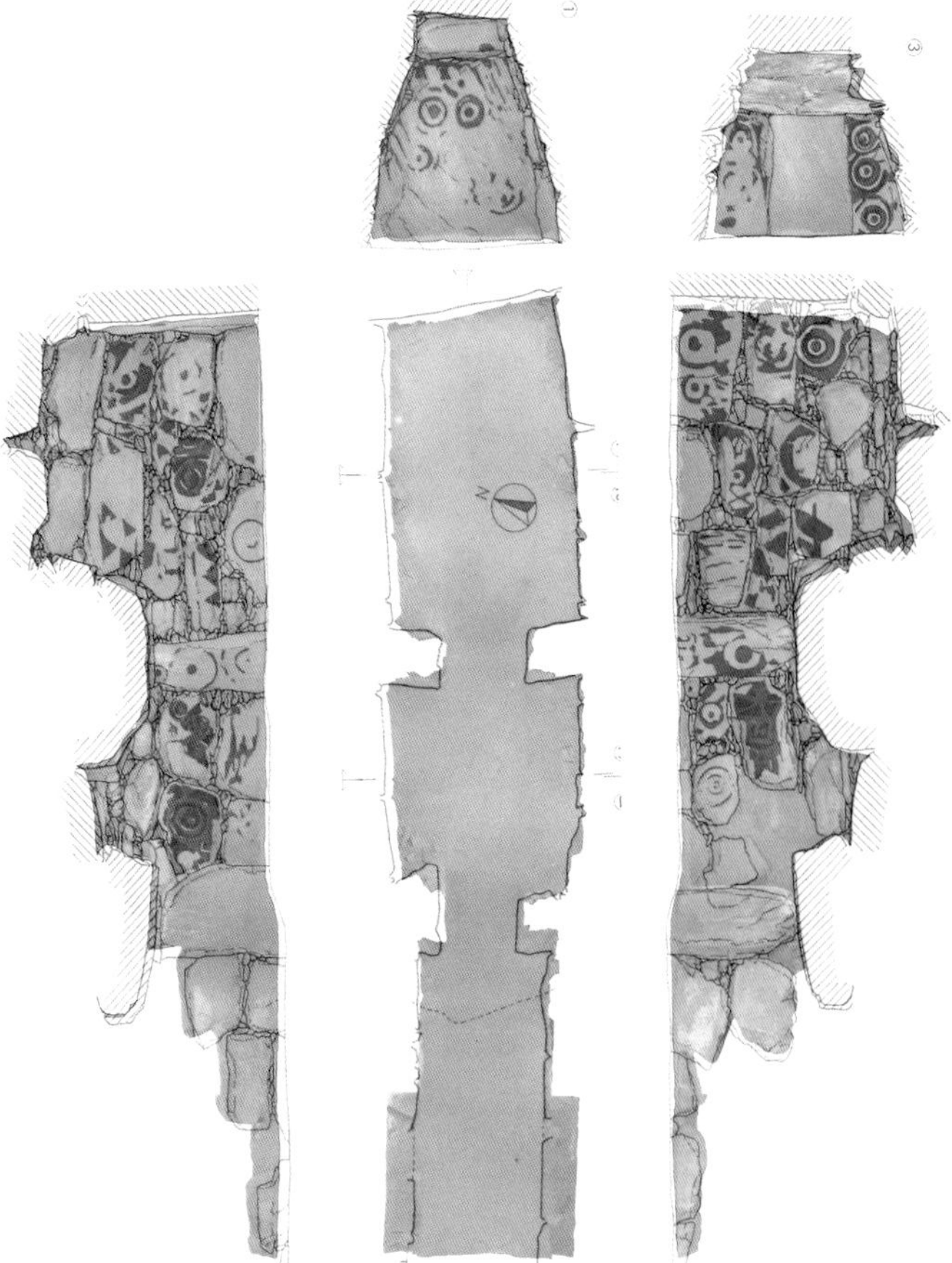

第 33 図　下馬場古墳のデジタル実測図
手測りの実測図と重ね合わせて比較したもの（久留米市教育委員会・株式会社とっぺん協力）。

は、現場作業としては照明装置とカメラだけでＶＲ画３次元データの作成が可能なので、立体構造物のデジタル・アーカイブ化を考えているのであれば最も導入し易い方法と言えるだろう。今では、ＳｆＭ（ストラクチャ・フロム・モーション）として画像の位置合わせを自動化できるソフトウェアや、動画などから３次元データを構成するプログラムも普及している。現在、遺構の写真測量として最も普及しているのがこのＳｆＭであり、発掘調査者自身が機器を操作して計測・解析していることも珍しくない。しかも、かかる経費も、レーザー３次元測量と比べればはるかに安価である。

第３の方法は、QuickTime VRなどのパノラマ作成ソフトウェアを利用する方法である。これだと、球面の内面に魚眼レンズで撮影した画像を貼り付けるため、石室形状は失われてしまう。しかし、この方法の利点は、石室内での撮影時間が短くて済み、出来上がったデータの容量も最も小さいことである。画像解析のための特殊なハード・ソフトウェアも必要としない。したがって、第１および第２の方法のインデックス・データとして使用したり、通信環境を気にせずにインターネット上で装飾古墳を公開する場合などには、最適な方法と言える。

ここでは立体造形物を３次元データ化するための３つの手法を紹介した。この分野は日進月歩であり、スマートフォンで高解像度のデジタル・アーカイブを実現することも、遠い将来のことではないだろう。かつて、日本考古学の黎明期に装飾古墳の調査の記録が、試行錯誤を経ながら世界に誇るべき精確無比な横穴式石室の正射投影図を生み出したように、現在でも装飾古墳のデジタル・アーカイブが、考古学の遺構の記録方法の革新に一石を投じようとしている（第33図・口絵図版2）。

3次元データを研究・保存活用へ

以上のような3次元計測技術は、考古学研究そのものにも新たな影響を及ぼしている。たとえば、旧石器時代のヨーロッパにクロマニョン人が遺した洞窟絵画について、フランスの先史学者、ルロワ・グーランは、洞窟を立体構造物として捉え、3次元的に図文の本質的な意味へ迫ろうとした。装飾古墳でも同じことができるはずだ。「なぜ、その場所に特定の図文が描かれたのか？」といった問いかけは、今までの装飾古墳研究では発せられたことが無かった。装飾古墳の描き手たちは、無作為に図文を選んで任意の場所に手なぐさみで描いたのではない。図文は横穴式石室の被葬者の思いや古墳が築かれた地理・歴史的環境など、複雑な要因が絡み合った一種の象徴記号だと思う。その意味では、装飾古墳に対して象徴考古学的なアプローチが少なかったのは驚くべきことである。私たちが芸術作品に対するように装飾古墳に向き合うならば、きっと今まで回答できなかった問題に新たな展望が拓けるに違いない。２次元で進められてきた考古学研究を、立体構造物として捉えるための研究基盤として再構築することが、未来の考古学の地平を切り拓くはじめの一歩となるだろう。

考古学研究の未来と共に、保存問題でも活用方法を見据えた方法の模索がこれからも続いていくことは明らかだ。繰り返し強調したように、装飾古墳の保存と活用には数多くの先人たちのたゆまぬ努力が積み重ねられてきたことを忘れてはならない。従来は、装飾古墳が発見されると、しかるべき体制が整うまで密封され、そのまま何年も経過することが普通であった。いわば、一時的に脚光は浴びるけれどもランニングコストがかかるやっかいな遺跡と見なされてきた。

しかし、密封が唯一で最善の方法でないことは、奈良県高松塚古墳の事例を引くまでもなく、明らかである。逆に、日常的に定期的なモニタリングができる体制を整備するのであれば、もしも装飾古墳が発見されたとしてもたじろぐ必要はない。その対策の一つとして日常的に遺跡を定点観測することの必要性は、いくら強調してもしすぎることはない。

特に、最近は地震や異常気象による洪水など地球環境の変動が著しく、遺跡や文化財が突然崩壊してしまうリスクは前にもまして高まっている。３次元で古墳をまるごと保存しなければならない理由は、改めて強調するまでもないだろう。

文化財保存の未来へ向けて

文化財は保存され、未来へ継承されなければならない。しかし、その理念が目まぐるしく変化する現代社会において、文化財にどのような存在意義があるのかについて、これまでは、その問いかけ自体があまりなされなかったのではなかろうか。しかし、今は違う。経済的だけではない文化的な「豊かさ」に寄与し、人類の文化遺産として活用するために、動産・不動産、有形・無形にかかわらず、すべての文化財は、その可能性が多方面に亘って開発され、発信されることが要請されている。装飾古墳も他の遺跡と同様、地域の文化遺産の核を構成する。特別扱いすることなく市民生活の環境の一部として捉え、何よりも地域に根差した研究を実践していかねばならない。そこでは、好きな人だけ来れば良いといった姿勢ではなく、装飾古墳が持つ遺跡としての価値を再発見し、保存活用に向けた活動を実践することこそが、今まさに求められている。

第3章

筑紫君磐井の乱の敗戦が装飾古墳を生んだのか？

本章以降は、装飾古墳に関連する歴史的評価について、さらに深く探究していくこととしたい。まず、取り上げたいのが、九州の装飾古墳の画題や描画技法の一大転機となった、筑紫君磐井の乱と装飾古墳との関係である。それは、この事件の勃発と磐井の敗戦によって、九州独特の古墳文化が石人石馬の樹立から壁画系装飾古墳の盛行へと転換したという理解が早くから提唱され、通説となっているからだ。はたして、それは真実だろうか？

通説の提唱

この説の提唱のきっかけとなったのは、「古墳石人の行方」という原口長之の論考である。原口は山鹿高校考古学部を指導し、装飾古墳のみならず考古学の世界に大きな足跡を残した。昭和34年（１９５９）に『東方古代研究』第9号に掲載されたこの論文は、〈古墳の石人と壁画の人物像との間に、何か関連がありそうな気がしてきた〉という素朴な疑問から始まる。文中では〈思いつきの一つ〉と謙遜されているけれども、短文にもかかわらず、その内容はきわめて明快だ。すなわち、筑紫君磐井の墳墓に比定される福岡県岩戸山古墳で最高潮を迎える、九州固有の石人石馬を古墳に樹立する風習（第34図）は、忽然とある事情（筑紫君磐井の乱の敗戦も想起される）のために止めざるを得なくなり、この

第 34 図　岩戸山古墳と石人
背後は墳丘。復元された石人が別区に立てられている。

石人の伝統が形を変えて装飾古墳の人物像となったのではないかという説である。その傍証として、被葬者を守護するようなポーズの人物像が描かれた装飾古墳の広がりが、石人の分布圏と一致することを挙げている。続いて、九州の考古学会をリードしている小田富士雄が、「石人石馬の系譜」という論文を昭和49年（1974）に発表した。この論文は、『古代史発掘7　埴輪と石の造形』という一般書店でも販売される概説書に掲載されたため、広く人口に膾炙《かいしゃ》した。とくに、本書の論点と関連するのは、論文最後の次の部分である。

〈直接には磐井の反乱によって大和朝廷に否定された石製表飾の風が、古墳内部にもちこまれて墳墓表飾の場合にくらべても遜色ない盛儀を保った。このことは装飾古墳における壁画系文様の発達と整備を促進させることにもなったと思われる。肥後地方ではその後もながく命脈を保ち、しかも初期の石人の性格をも伝えることとなったのである〉

原口説を継承しつつ独自の視点を盛り込んでいることがよく分かる、小田らしい簡潔明瞭な文章である。まず、原口説では石人と装飾古墳の人物像との関係であったのが、小田説では石製表飾（石人石馬）と壁画系装飾古墳の関係に視点が拡張されている。さらに、原口説では石人と人物像とが交替すると捉えられているのに対し、小田説では肥後では磐井の乱後も性格が継承されたとしている。この意味で、小田説は原口説の批判的な継承と言えるけれども、石人石馬の風習が壁画系装飾古墳の風習にとって代わられるという根幹の部分は共通している。本章で検討したいのは、まさにこの根幹の部分なのだ。その前に、まず筑紫君磐井の乱とは何だったのかについて、おさらいしておこう。

筑紫君磐井の乱とは

筑紫君磐井の乱は日本史の教科書にも必ず掲載されているから、ご存知の方も多いだろう。勃発したのは527年（継体二十一年）で終結したのが翌528年、6世紀前半のことである。争ったのは、大和を根拠地としていた継体大王と九州北部の筑紫君磐井であるが、前者には物部氏や大伴氏などの大王を補佐する中央豪族、後者には有明海・八代海沿岸の九州中部の豪族たちが加勢した。さらに朝鮮半島をめぐる国際情勢も、高句麗の南下に伴っていっそう流動化の一途をたどっていた。この乱は、倭国や朝鮮半島諸国を巻き込んだ東アジアを舞台とする最初の国際戦争であったとする見解もある。筑紫君の根拠地は、現在の福岡県南部、筑後地域にあって、八女《やめ》郡広川町から八女市にかけての八女丘陵（人《にん》形原《ぎょうばる》台地）に継起的に築造された古墳は、筑紫君の奥津城《おくつき》（墓所）にあてるのが定説である。その中でも最大の古墳、岩戸山古墳こそ磐井を被葬者とするのが定説だ。

　この磐井の乱は、戦前と戦後の日本史学では評価が大きく転換した事件の一つでもある。戦前は『日本書紀』の記述に引きずられ、筑紫国造《くにのみやつこ》である磐井が、大王に弓を引いた叛乱だという理解がなされていた。国造は大王が任命するものだから、その命に背くことは反逆罪以外、何物でもない。しかし、戦後、古墳時代の社会では大王を頂点とする中央集権体制はまだ確立しておらず、むしろ政体が連合した構造の社会ではなかったかと考えられるようになった。いくら大王の命だといっても、それに平伏せねばならないことはない。とくに、４世紀以来、朝鮮半島情勢への介入を強める倭王権によって、九州はその先兵の役割を常に担わされていた。地域の民衆や豪族の間に、澱《おり》のように溜まっていた派兵に対する過重な負担への不満が爆発したのがこの乱の真相だ。だとすれば、磐井は反逆者ではなく、地域の声を代弁し中央に物申した英雄ということになる。事実、地元の八女市では磐井は英雄であり、「郷土劇　筑紫の磐井」という演目も上演されている。かいつまんで説明すると以上のようになるが、これほど評価が１８０度変わった人物も、歴史的にみると珍しい。

古事記と日本書紀にみる磐井の乱

この乱を記録した、古事記と日本書紀、地元で編纂された『筑後国風土記』などの文献記録では、記載内容が大きく異なっていることも以前から知られていた。まず、古事記では、次のとおりである。

〈此の御世に、竺紫君石井《つくしのきみいわい》、天皇《すめらみこと》の命《みこと》に従はずして、礼无《いやな》きこと多かりき。故《かれ》、物部荒甲《もののべのあらかい》之大連《おおむらじ》、大伴金村連《おおとものかなむらむらじ》二人を遣はして、石井を殺したまひき〉

【現代語訳】

この（継体）治世、筑紫君磐井は天皇の命に従わず、無礼なことが多かった。そこで、物部麁鹿火《あらかい》の大連、大伴金村の連の二人を遣わして、磐井を殺させた。

要するに、天皇の命に従わない無礼なことが多かったため、物部麁鹿火と大伴金村の2人を遣わして磐井を殺させた、ときわめて簡素な記述になっている。ただし、簡潔すぎて事の次第が伝わってこない。一方、日本書紀に目を転じてみると、かなり詳しい記述がある。

〈継体二十一年夏六月、壬辰の朔にして甲午に、近江毛野臣《けなのおみ》、衆《いくさ》六万を率いて、任那《みまな》に往きて、新羅に破られし南加羅・喙己《とくこ》呑《とん》を為復《かえ》し興建《た》てて、任那に合せむとす。是《ここ》に、筑紫国造磐井、陰《ひそか》に叛逆《そむ》くことを謨《はか》りて、猶預《うらもい》して年を経《ふ》。事の成り難きことを恐りて、恒に間隙を伺ふ。新羅、是を知りて、密に貨賂《まいない》を磐井が所《もと》に行《おく》りて、勧むらく、毛野臣の軍を防遏《た》へよと。是に、磐井、火・豊、二つの国に掩《おそ》ひ拠りて、使修職《つかえまつ》らず。外は海路を邀《た》へて、高麗《こま》・百済・新羅・任那等の国の年《としごと》に、職貢《みつきものたてまつ》る船を誘《わかつ》り致し、内は任那に遣せる毛野臣の軍を遮りて、乱語《なめりごと》し揚言して曰く、「今こそ使者たれ、昔は吾が伴《ともだち》として、肩摩《かたす》り肘触《ひじす》りつつ、共器《おなじけ》して同食《ものくら》ひき。安ぞ率爾《にわか》に使となりて、余をして儞《い》が前に自伏《したが》はしめむ」といひて、遂に戦ひて受けず。驕りて自ら矜《たか》ぶ。是を以て、毛野臣、乃ち防遏へられて、中途にして淹滞《さわりとどま》りてあり。天皇、大伴大連金村・物部大連麁鹿火・許勢大臣男人《こせのおおおみおひと》等に詔《みことのり》して曰《のたま》はく、「筑紫の磐井、反《そむ》き掩ひて、西の戎《ひな》の地《くに》を有《たも》つ。今誰か将たるべき者」とのたまふ。大伴大連等僉曰《みなもう》さく、「正に直しく仁《めぐ》み勇みて兵事に通へるは、今麁鹿火が右に出づるひと無し」とまうす。天皇曰はく、「可《ゆるす》」とのたまふ。

秋八月の辛卯の朔、詔して曰はく、「咨《あ》、大連、惟茲《これこ》の磐井率《したが》はず。汝徂《ゆ》きて征《う》て」とのたまふ。物部麁鹿火大連、再拝《おが》みて言《もう》さく、「嗟《あ》、夫れ磐井は西の戎の奸猾《かだましきやっこ》なり、川の阻《さが》しきことを負《たの》みて庭《つかえまつ》らず。山の峻《たか》きに憑《よ》りて乱《みだれ》を称《あ》ぐ。徳を敗《やぶ》りて道に反く。侮り嫚《おご》りて自ら賢《さか》しとおもへり。在昔《むかし》道臣《みちのおみ》より、爰《ここ》に室屋《むろや》に及《いた》るまでに、帝を助《まも》りて罰《う》つ。民を塗炭《くるしき》に拯《すく》ふこと、彼も此も一時《もろとも》なり。唯天《あめ》の賛《たす》けるを、臣は恒に重みせるなり。能《よ》く恭《つつし》み伐《う》たざらむや」とまうす。詔して曰はく、「良将の軍《いくさだち》すること、恩を施して恵を推し、己を恕《おもいはか》りて人を治む。攻むること河の決《さ》くるが如し。戦ふこと風の発つが如し」とのたまふ。重《また》詔して曰はく、「大将は民の司命なり。社稷《くにいえ》の存亡、是に在り。勗《つと》めよ。恭《つつし》みて天罰《あまつつみ》を行へ」とのたまふ。天皇、親《みずか》ら斧《ふ》鉞《えつ》を操《と》りて大連に授けて曰はく、「長門より以東は朕制《かと》らむ。筑紫より以西は汝制れ。専《たくめ》賞《たまいもの》罰《つみ》を行へ。頻《しきり》に奏すことに勿煩《なわずら》ひそ」とのたまふ。

二十二年の冬十一月の甲寅の朔にして甲子に、大将軍物部大連麁鹿火、親ら賊の帥磐井と、筑紫の御井郡《みいのこおり》に交戦《あいたたか》ふ。旗鼓相望み、埃塵《ちり》相接《つ》げり。機《はかりこと》を両《ふた》つの陣の間に決《さだ》めて、万死《みをす》つる地を避《さ》らず。遂に磐井を斬りて、果して疆場《さかい》を定む。

十二月に、筑紫君葛子《くずこ》、父のつみに坐《よ》りて誅せられむことを恐《おそ》りて、糟屋屯倉《かすやのみやけ》を献《たてまつ》りて、死罪贖《あが》はむことを求《もう》す〉

【現代語訳】

継体二十一年六月三日、近江の毛野臣は軍衆六万を率いて、新羅に敗北した南加羅、喙己呑を再興して任那に併合するために、任那に向かっていた。その時、筑紫国造磐井は、陰で叛逆を計画しながら、なお表には出さず年月を経過し、失敗することを恐れつつ、常にその機会をうかがっていた。新羅はこれを知り、密かに磐井の所に賄賂を送って、毛野臣の軍を防ぎ止めるべく努めていた。そこで、磐井は、肥・豊の二国を占拠して朝廷への貢物の使者を妨害した。国外では、海路で待ち伏せ、高麗、百済、新羅、任那などへの定期的な貢納船を偽って停泊させ、貢納品を横領した。国内では任那に遣わされた毛野臣の軍をさえぎり、挑発するような言葉を発して、「今、使者であるあなたは、昔は友人で、肩を擦り合わせ、肘が触れあうような間柄であり、食器を共にして同じ物を食べた仲間である。どうしてお前に服従して、すすんで拝礼することなどできようか」と言った。ついに戦いを挑み、継体への服従を受けず、驕って自らを誇った。このために、毛野臣は進軍を止められ、道半ばで停滞することとなった。天皇は、大伴大連金村、物部大連麁鹿火、許勢大臣男人らに、「筑紫の磐井は背いて占拠し、西戎の地にいる。今、誰を将軍とすべきだろうか」と詔を発せられた。大伴大連らは口を揃え「正直、仁勇で、兵事に通じている点では、今、麁鹿火の右に出る者はおりません」と申し上げた。天皇は「そのとおりだ」と裁可した。

　八月一日、天皇は詔を発せられた。「大連に命ず。磐井が順《したが》わないことを慮れば、お前が征伐にでかけるべきである」。物部麁鹿火大連は拝復して申し上げた。「ああ、西戎の磐井は悪賢く、川の氾濫を言い訳にして朝廷には参上せず、山が険しいことを防御の頼りとして騒乱を起こし、徳を破り道に背き、朝廷を侮蔑して自らを聖賢と称している。昔は、道臣から今の室屋に至るまで、帝を助けて逆族を討ち、人民を塗炭の苦しみから救ったものだ。これと全く同様に、ただ天の御心に従うことのみが、臣が常に重んじていることである。これこそが、恭順しない者どもを伐つことを可能にするのである」

また詔を発せられた。「良い将を戴く軍は、恵みを人に及ぼし、自己を顧みて人を治める。攻めは河が決壊する如く、戦は風の如く起こせ」。さらに詔されて曰く、「大将は、民の命をつかさどり、国家の存亡はここにある。努めよ、つつしんで磐井への天罰を実行せよ」そして、天皇自ら斧鉞をとり、大連に授けながら命ぜられた。「長門より東は、朕が制す。筑紫より西はお前が支配せよ。自分の判断で賞罰を行うように。頻繁な上申は不要である」と。

二十二年十一月十一日、大将軍である物部大連の麁鹿火は、自ら逆賊である磐井との戦闘に関わり、筑紫国の御井郡で交戦した。戦場は、旗、鼓を互いに望見し、埃塵にまみれ互いに接戦するものだった。機をうかがって決断し、両陣の間、決死の作戦を遂行し、ついには磐井を斬って平定した。

同年十二月、筑紫君の葛子は、父に連座して罰を受けることを恐れ、糟屋の屯倉を献上して、死に及ぶ罪をあがなうことを願い出た。

一見して分かるように、日本書紀では古事記とは違って、かなり子細な記述が特徴である。日本書紀では、磐井の官職は筑紫国造とされている。国造であれば、地方の軍事・裁判権を司る官僚制度に則った組織的な官職である。しかし、磐井はあろうことか新羅から賄賂をもらっており、朝鮮半島に派遣しようとした大王軍を九州の地で妨害したと記される。これは、明確な謀反行為である。それこそが乱の原因だ。だから、大王は将軍・物部麁鹿火を派遣して磐井を討ち取ることは正義だという論理である。

事の真偽は分からないし、日本書紀の記述は多分に脚色されているというのが定説である。しかも戦場のことだ。虚実相半ば、フェイクニュースが飛び交うのもむしろ当然だろう。たとえば、「旗、鼓を互いに望見し、埃塵にまみれ」という合戦の描写も、おそらく実際に目撃したものではあるまい。前段の、同じ釜の飯を食っていた仲間が、命を下す側と受ける側という上下関係になり、ついには大王自ら命を下して領土分割に与るというドラマティックな展開も、どこまで真実と見て良いか疑問である。筑紫の御井（現在の福岡県久留米市）における激しい戦闘の後、磐井が討伐され、息子の葛子が父の罪に連座して死罪に問われることを恐れ、屯倉として土地を献上した。これが日本書紀に記載された乱のあらましである。言い換えれば、これは勝者の視点から編纂された歴史書であれば、当然の論理である。

筑後国風土記にみる磐井の乱

ところが、地元の歴史を書き留めた、筑後国風土記には全く異なった展開が記されている。筑後国風土記は一部しか遺されていないため、逸文と呼ばれているが、以下の通りである。

〈筑後国風土記に曰はく、上妻《かむつま》の県《あがた》。県の南二里に筑紫君磐井の墓墳有り。高さ七丈、周り六十丈。墓田は南と北と各六十丈。東と西と各四十丈。石人・石盾各六十枚、交《こもごも》に陣《つら》成行《つらな》りて四面《よも》を周匝《めぐ》れり。東北の角に当りて一別区有り。衙頭《がとう》と号す。（衙頭とは政《まつりごと》の所なり。）その中に一つの石人あり。縦容《ほしきまにま》に地に立てり。号して解部《ときべ》と曰ふ。前に一人有り。裸形にして地に伏せり。号して偸人《ぬすびと》と曰ふ。（生けりし時猪を偸みき。仍《よ》りて罪を決《きめら》れむとす。）側に石猪四頭有り。賊物《かすみもの》と号す。（賊物は盗物なり。）彼処に亦石馬三疋・石殿三間、石蔵二間有り。古老これを伝へて雄大迹《おおど》天皇の世に当りて、筑紫君磐井、豪強暴虐にして皇風に偃《したがわ》ず。生平の時、預《あらかじ》め此墓を造りき。俄《にわか》にして官軍動発《おこ》りて襲を欲するの間、勢の勝まじきを知りて、独《ひと》り自《みずか》ら豊前国上膳《かみつみけ》の県に遁《のが》れて、南の山の峻《さが》しき嶺《みね》の曲《くま》に終りき。是に於て官軍追尋《おいま》ぎ蹤《あと》を失ひき。士怒泄《もののふのいかりや》まず、石人の手を撃折《うちおり》、石馬の頭を打ち堕《おと》しき。古老伝へて云はく、上妻の県に多く篤き疾《やまい》有るは蓋しくは茲《これ》に由るか〉

【現代語訳】

上妻県の南二里に筑紫君磐井の墓墳があり、高さは七丈（21ｍ）、周囲は六十丈（１８０ｍ）。墓域の周囲は、南北各六十丈（１８０ｍ）、東西各四十丈（１２０ｍ）。石人、石盾、各六十枚が整然と並び、四周に巡らされている。東北角に一つの別区があり、その名を衙頭という（衙頭は政庁のことである）。その中に、一人の石人があり、縦容として地面に立っており、その名を解部という。前に一人の裸形が地に伏しており、その名を偸人という（生前、猪を盗んだため、罪を受けたことになぞらえる）。かたわらに石猪が四頭おり、名を賊物という（賊物は盗物のことである）。そこにはまた、石馬三匹、三間の石殿、二間の石蔵がある。古老の伝えに言う。雄大迹天皇（継体天皇）の御世、筑紫君磐井は強豪、暴虐にして皇風（天皇の権威）に服さず、また生前にあらかじめこの墓を造った。にわかに官軍が発動して襲ってきて、その勢いには勝てないことを知り、独り自ら豊前国上膳県に遁走し、南の山の険しい嶺の片隅で生涯を終えた。

そこで、官軍は追跡したけれども足取りを失い、兵士の怒りはいまだ止まず、石人の手を打ち折り、石馬の頭を打ち落とした。古老が伝えるところでは、上妻県に篤疾（＝重病）が多く見られるのは、おそらくこのためではなかろうか。

そこには、「俄にして」、つまり突然、大王軍が攻めてきたと書かれている。日本書紀のように、乱の前に大王との戦前の確執の前提があって、討伐の命が下されたのではない。もし、大王の怒りを買ったとすれば、生前に古墳を築造したことぐらいだろうか。まさに寝耳に水、謂れも無く攻撃された側の視点が筑後国風土記にはよく表れている。磐井は形勢が不利なことを悟り、筑後から豊前、つまり現在の大分県方面に逃走し、山中で亡くなったとされている。この風土記の記述によれば、日本書紀のような戦乱の結果、討伐された訳ではないと読み取れる。だからこそ、大王軍は磐井を取り逃がしたことに激高し、怒りに任せて、生前、磐井が築いた墓に樹立されていた石人や石馬の手足を叩き落としたのである。そこからうかがえるのは、大王軍が筑紫君、ひいてはその背景となる九州固有の古墳文化に対して忌避、憎悪の念を抱いていたことである。

このように、文献資料だけに頼っていると、一つの事件が全く異なるふうに記録されており判断に迷う。はたして真相はいかなるものだったのだろうか？　この問題を解決するためには、文献以外の物的証拠、すなわち考古学の資料に基づいて乱の真相に迫らなければならない。手がかりの出発点となるのは、九州北部および中部に分布が集中し、装飾古墳と同じく今までローカルな古墳文化と評価されてきた石人石馬である。

石人石馬

世界最大級のカルデラを誇る、熊本県の阿蘇山。これが、今から9万年ほど前に大爆発を起こした。その火砕流はなんと遠く離れた博多湾にまで達し、九州島の基盤層である溶《よう》結凝灰岩《けつぎょうかいがん》を形成した。これは、軟質で加工が容易なことが特徴で、熊本県山都町《やまとちょう》の通潤《つうじゅん》橋《きょう》や大分県の臼杵《うすき》磨《ま》崖仏《がいぶつ》、福岡県八女の特産工芸品である石灯籠など、九州には古くから石の文化が根付いていた。阿蘇山の噴出による溶結凝灰岩という、この基盤層があったからこそ、九州で石人石馬が登場したのである。

石人石馬とは、古墳の墳丘や裾に装飾として立てられた石製造形品の総称である。武人や力士など人物のほかに、馬・鶏・水鳥などの動物、靫・盾・刀・壺などの器材、家などの種類がある。石人石馬は九州の北部および中部、現在の福岡県・大分県・熊本県を中心に、20基以上の古墳（樹立古墳が不明の例も含む）から出土している。しかし、本州では、鳥取県淀江石馬谷《いしうまだに》古墳1例のみである。石人石馬は「石の埴輪」とも呼ばれることから、九州では埴輪の代わりに石人石馬を古墳の周りに樹立したと誤解されているが、そうではない。石人石馬を出土する古墳でも土の埴輪は共存するし、円筒埴輪のように列をなしてぐるりと立て並べたのではなく、石室開口部やくびれ部、福岡県岩戸山古墳の別区のように要所に置かれたと見るべきだろう。

　ご覧になったことのある人も多いかも知れないが、石人石馬の例として東京国立博物館平成館の考古展示室に展示されている扁平石人を、ここでは取り上

第35図　奴凧形の石人
東博・考古展示室の扁平石人（出典：ColBase　https://colbase.nich.go.jp）。

げてみよう（第35図）。樹立されていた古墳は、九州北部で最大の前方後円墳、福岡県八女市に所在する岩戸山古墳である。これこそが、筑後国風土記逸文で「磐井の墓墳」とされた古墳である。日本の前方後円墳では唯一、別区と呼ばれる石人石馬を樹立した区画が設けられている。

この扁平石人は、奴凧《やっこだこ》のような外形をした石造品の正面の突出部に顔が彫刻されている。両耳に沿って垂らしている髪の表現は、「みずら」という古墳時代の男性の髪型である。また、腰には前に大刀を帯びている。裏側に回り込むと、ちょうど顔の裏にあたる部分に矢が浮き彫りされている。つまり、後ろに矢を背負ったこの人物は、男性の武人を表している石人なのである。矢入れである靫の外形を活かしたこの石人は、武装して被葬者が眠る古墳を守護する働きが期待されていたに違いない。

この岩戸山古墳にほど近い、岩戸山歴史文化交流館「いわいの郷」には石人石馬の優品が展示されている。加工しやすいとは言え、相手は凝灰岩である。自然石を叩き、削った跡が今でもしっかりと見え、それが野趣にあふれた重厚感をもって見る者を圧倒する。馬《ば》鐸《たく》・杏葉《ぎょうよう》を装着した飾り馬の石馬はどうだろう。後脚から障泥《あおり》のかかる下腹のボリューム感は、どことなく模型やおもちゃのような感を与える馬形埴輪では出せない造形美を誇っている。その一方で、石盾は精緻でシンメトリカルなデザインが見所である。一気に削り出したような輪郭線と肩の突出部は、石というよりも金属質の冷たさを見る者に感じさせる。

これら九州独自の石人石馬の文化は、不思議なことに磐井の乱が起こった6世紀前半より前に、一部を除いて大部分が消滅してしまう。その代わりに、6世紀中葉以降になると物語風に多彩な図文を組み合わせた壁画系装飾古墳が増加する。すでに見てきたように、この考古学的な事実は以前からよく知られていたため、装飾古墳の発生については次のような仮説が提唱されるに至った。

石人石馬から装飾古墳へ

九州固有の文化である石人石馬は、古墳の要所に樹立された装飾である。しかし、筑後国風土記逸文に書かれていたように、6世紀の倭王権は九州独自の文化に対して、きわめて否定的だった。生前に墓を築造したことはまず大王にとって不遜なことにほかならず、ましてや近畿では見たこともないような石製造形品を勝手に立てた磐井は、近畿がリードしてきた古墳文化の破壊者のように映ったことだろう。そこで、大王軍の、文化を主導してきたという自負と、ルールを守らない磐井への反感が、５２８年の磐井の敗戦を機に一気に噴出し、傍若無人な石人石馬の破壊行為に及んだのだろう。しかし、反骨精神にあふれた九州の人たちは、地元固有の文化を深く愛していた。そんなことでへこたれるものではなかった。地上が駄目なら、地下がある。見えない所で独自の芸術的精神に溢れたわれわれ独自の古墳文化を、思う存分開花させようではないか。こうして、敗者のレジスタンス芸術の象徴として、墓室を華麗な彩色図文で埋め尽くした装飾古墳が誕生した。これが、長らく物語風の画題を主とする壁画系装飾古墳の発生要因の通説とされてきた。

　正直なところを言えば、私も九州の人間なので、これが九州人の琴線に触れる言説であることは否定しない。中央の圧政に苦しむ地方の民衆、その声を代弁した英雄、磐井。しかし、彼も、かつて同じ釜の飯を食った仲間が中央で出世し、忸怩《じくじ》たる思いを抱いていた。我慢に我慢を重ね、ついに中央に対して反旗を翻す。だが、多勢に無勢、万策尽きて潔く果てた郷土の英雄、九州の人たちは、磐井にそんなイメージを託しているのではなかろうか。九州人は、強大な中央権力に果敢に挑戦するも敗北した人物像、判官びいきにも似た、いわば敗者の美学に心惹かれる。菅原道真、西郷隆盛など、この人物類型に当てはまる偉人は何人も思い当たる。磐井もその一人だと思う。しかし、そのような共感は理解できないこともないが、磐井の乱の歴史的事実に迫るためには、考古資料が語る声にも耳を澄まさなければならない。

通説に反証する

近年の目覚ましい発掘調査と考古学研究の成果は、以上に述べた通説に対し、いくつかの反証を投げかけている。

第1は、熊本県山鹿市にあるチブサン古墳（第36図・口絵図版8）である。これは6世紀半ばに築かれた装飾古墳で、埋葬室内に造られた石屋形の中に、乳房を象ったと地元では伝えられる、菱形文と円文とを組み合わせた幾何学文が描かれている。しかし初めて見た人には、乳房ではなく、幾何学デザインでもなく、顔の様に見える図文である。これは、きわめて鮮やかな装飾が残る装飾古墳として、予約すれば現在も見学が可能である（土、日、祝日のみ、一日二回、人数を限定して公開）。ところが、この古墳には奴凧形の扁平石人が樹立されていた。つまり、装飾古墳でありながら、石人と共存している。現在、この石人は九州国立博物館の文化交流展示室に常設展示されており、現地にも複製品が立てられている。この他にも、熊本県臼塚《うすづか》古墳も石人が共存した装飾古墳として挙げられる。

第36図　チブサン古墳の石屋形
彩色壁画を持つ装飾古墳であるが、石人も樹立されていた。

さらに、より強い反証例に福岡県鶴見山古墳の調査成果がある。これは、岩戸山古墳と同じく筑紫君一族の奥津城である八女丘陵に築造された全長１００ｍを超える前方後円墳で、磐井の息子、葛子に当てる説が今では有力である。ただし、昔から筑紫君で文献に登場する磐井、葛子の墓が決定していた訳ではない。江戸時代には、石人山古墳が磐井の墓に比定されたし、葛子の墓は岩戸山古墳の東に隣接する乗場《のりば》古墳とされてきた。しかし、平成15年（２００３）～17年（２００５）の調査で、鶴見山古墳は出土品から岩戸山古墳に後続する筑紫君一族の首長墓と考えられるようになり、それならば葛子の蓋然性が高いとなった。

　さて、問題は平成17年の前方部周溝の調査によって、武装石人が倒れて出てきたことである。日本書紀が語るように父の罪に連座することを怖れて屯倉を差し出した葛子が、筑後国風土記のいうような大王が忌み嫌う石人石馬を、あからさまに自分の墓へ立てるだろうか？

ちなみに、岩戸山古墳が造営された八女丘陵では、６世紀末に横穴式石室を築いた東端近くの福岡県童男山《どうなんざん》古墳の周辺から石人の破片が出土している。磐井の乱後に、石人石馬が急激に減少するのは事実だけれど、小田富士雄が指摘した肥後（熊本県）のみならず、八女丘陵に築かれた筑紫君一族の首長墓でさえも、その伝統が断ち切られることは無かった。石人石馬の文化は地元でも生きながらえていたのである。

第２の反証は、岩戸山古墳と古墳の形がそっくりで、副葬品も共通していた可能性が高い古墳が、大王家の根拠地である近畿地方中央部の首長墓の中にも認められることである。中でも、あろうことか磐井を討伐した継体大王の真の陵墓と目される大阪府今城塚古墳の墳形自体が、規模は異なるものの岩戸山古墳と相似形だという研究成果も発表されている。また、おそらく乱のさなかに築造された、福岡県桂川王塚古墳の副葬品には馬具が含まれているけれども、それらは近畿地方の工房で製造、配布された可能性が高い。つまり、古墳時代の九州と近畿とは、古墳の形や副葬品に密接なつながりを持っており、磐井の乱ごときで断絶するものではなかったと見るのが正しそうだ。

そのことを裏付けるのが、石棺を製造するための材料である。今城塚古墳からは、3種類の石棺材の破片が出土している。熊本県の阿蘇、兵庫県の竜山《たつやま》、大阪府と奈良県の境にある二上山《にじょうさん》の凝灰岩である。今城塚古墳は、戦国時代に城として改造され埋葬施設が破壊しつくされたため、継体大王の棺がどの石材かは分からない。しかし、ピンク色を呈した阿蘇凝灰岩（馬門石《まかどいし》）で造られた可能性が指摘されており、隣接する今城塚古代歴史館では馬門石製石棺に眠る継体大王の姿を見ることができる。この石棺が阿蘇から近畿まで輸送された事実は、平成17年（２００５）に「古代船　海王」と名付けられた準構造船を復元して実施された実験航海を通じて注目されたから、ご記憶の方も多いだろう。さらに、6世紀後半に築かれた奈良県植山《うえやま》古墳にも馬門石製石棺が運ばれている。この古墳の被葬者を推古天皇と竹田皇子と見る説もあり、そうだとすれば大王家と九州との絆は磐井の乱後も固く結ばれていたと見る方が自然である。

　以上、近年の考古学研究の成果から、通説に対する2つの反証を提案した。さらに、詳しくは後で触れるが、装飾古墳は太陽光の下でないと彩色文様の描き分けができないとする文化財科学からの研究成果も発表されている。外からは見えない石室内でコソコソと描かれたという装飾古墳に対するイメージは、今や改めなければならない。

現段階での研究の到達点を踏まえるならば、九州北部および中部の石人石馬と交代して装飾古墳が築かれたとする従来の通説は、再検討を余儀なくされている。装飾古墳は、大王家から九州固有の石人石馬の文化を否定されたことによるレジスタンス芸術として発生したという捉え方では、装飾古墳の正しい歴史的評価に到達するのは難しいのではないかと私は思う。

それでは、装飾古墳とどのように向き合うべきだろうか？　装飾古墳とは、墓に絵を描くという人間に生来そなわった表現行為の一つとして、人類史の中で位置づけられるべきだと考える。これが、本書を貫く底流である。

この視点の前提は、大王家も決して九州固有の文化を否定してはいないという認識から出発することにある。しかし、装飾古墳は近畿中央部を避けるように、九州や関東・東北・山陰に分布することは厳然たる事実である。このことは、果たしてどのように考えれば良いのだろうか？

第４章

なぜ古墳時代の中心地・近畿に少ないのか？

３世紀半ば、奈良盆地の東南部にそびえる三輪山の麓に、巨大な前方後円墳が築造された。全長２８０ｍをはかる奈良県箸墓《はしはか》古墳である。これが幕開けとなって、日本列島に前方後円墳の時代が始まった。奈良県、大阪府、京都府、兵庫県など、後に畿内と呼ばれたこの地域には、今も巨大な前方後円墳が多数残っており、当時の政治・文化・経済の中心がこの地にあったことを雄弁に物語っている。

しかし、装飾古墳に目を転じて見ると、近畿中央部はぽっかりと空いている。大阪府安《あん》福寺《ぷくじ》石棺や同高井田横穴群、奈良県水泥南古墳など数えるほどしかない。しかも、近畿中央部で横穴式石室を収めた首長墓の発掘調査事例は、今も枚挙にいとまが無いけれども、装飾が描かれていたという報告はほとんど聞かない。

したがって、日本の古墳文化の中心地の近畿中央部では埋葬施設内を飾る風習は無かったと見、その合わせ鏡として、墓室を飾るような装飾古墳の文化は文化の中心から遠く離れたローカルな文化に過ぎないという理解が、以前から古墳時代の研究の通説となってきた。装飾古墳は日本列島に等しく分布するものではなく、また三角縁神獣鏡や鉄製甲冑《かっちゅう》のように近畿地方を中心に周圏的な文化伝播を呈するものでもない。逆に、あたかも近畿地方中央部を避けるかのように分布する、その理由とは何かが、本章で解明したいテーマである。

古墳の装飾は誰のためなのか

まず、装飾古墳の装飾とは誰に見せるために描かれたのかについて説き起こしたい。これは古くて新しい問題で、被葬者の鎮魂辟邪のためや会葬者に見せるためなど、さまざまな見解が提示されてきたが、今でも決着を見ていない。実際には、石室か石棺かといった埋葬施設の違いや画題によっても異なるだろうから、一概に断定することは難しいだろう。しかし、物語風の彩色壁画に限って言えば手掛かりとなる古墳がある。それが第37図に示した福岡県竹原古墳である。この古墳の彩色壁画は、奥壁に立てた1枚の巨大な石壁をカンバスにして描かれているが、壁画のある部分はなぜか中央に固まっている（口絵図版11）。絵を描ける範囲はかなりあるはずなのに、壁画が石の中央に集まっているのはなぜだろうか？

その理由はこの石室の入口から見るとよく分かる。この石室の構造は、遺骸を収納する玄室とそこに至る羨道から構成されるけれど、玄室の入口（玄門）両側に石を飛び出させて両者を区画している。このため、石室の入口（羨門）から見ると、玄門を構成する両側

第 37 図　竹原古墳の入口から玄室をのぞむ
口絵図版 11 と比べると玄門の死角の部分は図文が省かれたことが分かる。

から飛び出した石の死角になって見えない奥壁の部分には、図文が描かれていないことが分かる。つまり、石室の入口から見えない部分は、壁画を描くことを省いたと理解される。これは、竹原古墳以外の装飾古墳でも同じである。玄室内の入口側（前壁）には壁画が省かれていたり、奥壁にコンパスを使用した整然とした同心円が描かれていても、前壁には不整形な円が描かれるなど、「手抜き」したことが明らかな例が認められる。つまり、物語風壁画の場合、装飾古墳の図文は石室入口側から見られることを意識して描かれたもの、さらに言えば、葬送儀礼に参加した人、つまり会葬者に見せるために描かれたと推定される。

飾られた死者の空間演出

九州の装飾古墳で最も飾られることの多い奥壁の前には、被葬者が眠る空間があった。つまり、奥壁沿いは墓室の中で最も重視された空間だったのだ。安置された被葬者がどのような姿だったのかは想像の域を出ないが、死者とその背景に飾られた図文とは複合した空間として演出されていたはずだ。

死者が生者と断絶するのではなく、連続すると見る死生観は南米のアンデス文明にも認められる。会葬者に死者を見せるというとグロテスクなイメージが重なるが、死者が祖霊となって共同体を守護する存在になるならば、死者との対面は生者が祖先からの血縁的な繋がりを再確認するための重要な儀礼にほかならない。また、よい喩えかどうか迷うけれども、建国の父の遺体を永久保存し、装飾して国民に公開する国家的な施設も諸外国には無いことはない。装飾古墳がそのような死者と対面するための舞台装置だとすれば、それは「飾られた死者」を演出する空間だったのではないかという一つの仮説が立てられる。

古墳時代の埋葬施設

この仮説を検証するためには、古墳時代の埋葬施設から振り返る必要がある。3世紀前半から7世紀中葉まで継続した古墳時代の埋葬施設には、時期・地域ごとに多種多様なものがある。ここで、話を簡略化するために、ひとまず竪穴系と横穴系とに大別し、その特徴を説明しよう。

竪穴系の埋葬施設とは、遺骸を収納するための穴を掘り、棺を安置させた後、石室であれば上に天井石、木棺や石棺をそのまま埋める場合は土をかけて埋葬が終了する。その後、万一、死者が発生して同じ古墳を再利用せねばならなくなった場合には、再度、上から墓穴を掘り直さなければならない。地上には埋葬位置を示す標石《ひょうせき》のようなものがあったのかもしれないが、完全に同じ位置を掘り返すことは難しい。したがって、先行する埋葬施設を破壊しなければならず、心ならずも祖先の遺骸を傷つけなければならなかった。

ところが、横穴系の埋葬施設の場合は、古墳というマウンドの側面に遺骸を納めた玄室内に入るための入口が開いている。横穴系の埋葬施設でも、割った石を積んだり、板状に加工した木や石を使って入口を閉塞する。もし、死者が新たに発生した場合には、入口に充填された閉塞のための資材を除去すれば、竪穴系と比較するとたやすく墓室にアクセスすることができる。

要するに、竪穴系は繰り返しての埋葬には不向きだが、横穴系は何回も埋葬ができる点が構造上の利点となる。したがって、横穴系の場合には、望むと望まざるとにかかわらず新たな埋葬のたびに、先行する被葬者の遺骸を必然的に目撃することになる。それが血縁者であればなおさら、祖先からの系譜を意識せざるを得ない体験を会葬者にもたらすことになる。すなわち、横穴式石室とは、否が応でも先祖との強いつながりを再認識せざるを得ない場所なのだ。装飾古墳の大半が横穴系の埋葬施設となっていることは、装飾古墳では、飾られた死者との対面が埋葬儀礼の中で欠かせない要素であったことを裏付けている。

九州と近畿の横穴式石室の違い

さて、その横穴式石室であるが、九州と近畿とでは導入時期や構造に全く別物と言ってよいほどの違いがある。まず、九州では竪穴式石室に横口を付けたような石室が、福岡県老司《ろうじ》古墳や同鋤崎《すきざき》古墳（第38図）で４世紀末に登場し、玄界灘沿岸（筑紫・肥前）や九州中部（肥後）などに独特の型式の横穴式石室が展開する。その定型化の道のりは、まさに試行錯誤とも言うべきものであった。まず、最古期の老司古墳では後円部の石室に至るための切通しが設けられている。佐賀県谷口古墳では松浦砂岩で造られた長持形石棺が主体部だが、それを覆う割石積みの竪穴式石室に横口が設けられている。つづく鋤崎古墳では、

第38図　鋤崎古墳の横穴式石室

奥壁沿いに石棺。その右手に埴棺、左手には木棺が配置されている（画像提供:福岡市埋蔵文化財センター）。

割石小口積みによる壁体構築、前方部方向への開口、玄門で1枚の板石によって閉塞する構造、奥壁並行に1体と側壁並行に2体を埋葬する棺体配置などの九州の横穴式石室の要素がすでに出揃っている。こうして定型化した九州型横穴式石室は、筑紫・肥前地域には長方形プラン、肥後地域には穹窿《きゆうりゆう》天井で方形プランの横穴式石室が盛行するが、これを大分類としつつ小地域ごとにも型式が細分化できる。沖ノ島祭祀を支えた宗像地域の横穴式石室も強い個性を主張しているし、阿蘇地域の横穴式石室もその一つである。九州型横穴式石室の詳細な分類と影響関係については、数多くの論考や研究会が開催されているので、ここではこれ以上の深入りは避けておこう。

これに対して、近畿の横穴式石室では、九州から遅れること約1世紀近く、5世紀後半に大阪府高井田山古墳（第39図）で登場したものが最古例である。実は、これに先行して大阪府塔塚古墳や同藤の森古墳でも横穴式石室が確認されているが、これらは九州の影響

第39図　高井田山古墳の横穴式石室
奥壁沿いに木棺は無く、主軸方向に2棺が並列する最古の畿内型横穴式石室。

下に成立したと理解されている。高井田山古墳の横穴式石室は、近畿地方中部がかつて畿内と呼ばれていたことをもって、畿内型横穴式石室と呼ばれるのが普通である。その構造上の特徴は、九州型とは大きく隔たっており、同時期の朝鮮半島の横穴式石室と類似している。つまり、九州では横穴式石室の思想が、大陸から伝播してさまざまな実験を繰り返し九州島内に定着するが、近畿の場合は定型化した百済中期の横穴式石室をそのまま導入した形跡がある。

　次に、九州と近畿の横穴式石室は、構造的な特徴と棺が安置される位置が異なる。九州の横穴式石室は、先述したように奥壁に並行して被葬者が配置され、玄室入口を1枚の板状の石材で閉塞するのが特徴である。墓室の構成も、通路の両側に柱状に区画石を立てて横穴式石室内の空間が仕切られている。その区画石の数によって、墓室の部屋の数が決まるため、九州の石室では玄室以外にいくつかの部屋を持つ複室構造のものも見られる。

一方、近畿の畿内型横穴式石室では、その初期には包丁を横にしたようなプランとなる。これは片袖型《かたそでがた》と言って、玄室の中に立って入口側を見た時、右手に袖があるものが右片袖、左手にあるものが左片袖と呼ばれており、初期の畿内型横穴式石室には右片袖が多い。しかし、いくら大型の石室でも複室構造をとるものはほとんどない。そして、被葬者が占有する空間は、九州のような奥壁沿いではなく玄門の左側、右片袖の石室では入口からは見えない死角になった部分である。つまり、九州における被葬者は、横穴式石室の長軸に直交して配置されるのに対し、近畿の場合は長軸に並行して置かれるのが大きな違いである。もちろん、奈良県藤ノ木古墳や京都府物集《もず》女車塚《めくるまづか》古墳のように奥壁沿いに石棺を安置した例外もあるが、ほとんどがこのルールを踏襲している。

以上に述べた九州と近畿の横穴式石室の構造や被葬者配置の相違は、当然ながら会葬者と被葬者の関係にも大きな影響を及ぼしたはずである。この想定を踏まえ、さらに議論を前に進めよう。

「飾られた死者」と「隠された死者」

近畿の横穴式石室では、入口の閉塞施設を取り外しても入口から棺が見えない。九州で奥壁沿いに被葬者を目撃するのとは対照的である。そこで、比喩的ではあるけれども九州の「飾られた死者」に対し、近畿は「隠された死者」と呼ぶことができるだろう。装飾古墳では、閉塞施設を取り外すと奥壁に描かれた装飾図文を背景に死者が浮かびあがる劇的な演出が仕組まれている。とくに、筑後川中流域の装飾古墳では西側に開口するものが多く、あたかも日本神話の天の岩戸の説話よろしく、閉塞に使われた板状の石材を横にずらすと、西陽《にしび》が差し込んで漆黒の闇の中に装飾図文に飾られた死者が浮かび上がる。閉塞施設を挟んで生と死とが隣り合う横穴式石室では、死者との向き合い方や死生観の違いが、石室構造の差と密接に結びついている。それが、どちらが先なのかは分からないけれども。

　このように考えてくると、装飾古墳がその地域に築かれるか否かも、死者を飾るか隠すかといった違いに根ざしているのではなかろうかという仮説が生まれてくる。つまり私の考えをまとめると次のようになる。

①　装飾古墳の有無は、中心か周辺かという距離的な要因によるものではなく、死生観

に根ざしたものである。

② 横穴式石室や横穴などの横穴系埋葬施設で装飾古墳の文化が開花した理由は、生者と死者とが対面する舞台であったことが大きい。

③ 装飾古墳に描かれた図文は石室だけでなく、石室の開口時に「飾られた死者」の空間を劇的に演出するための道具の一つである。

④ 近畿の横穴式石室に装飾古墳が見られないのは、九州とは異なる「隠された死者」と見立てられるような固有の死生観が普及したためである。

以上の理由により、装飾古墳をローカルな古墳文化と見なす見解は、到底受け入れられない。むしろ、九州から1世紀ほど遅れて導入された近畿の横穴式石室に、「飾られた死者」を真っ向から否定する死生観が根付いていたからこそ、装飾古墳の文化が受け入れられなかったと見なす方が自然であろう。

東日本の装飾古墳

それでは、この九州と近畿の対比から導き出された仮説は、九州と並んで装飾古墳のもう一つの中心地であった東日本の場合も該当するのだろうか？　すでに部分的に言及したように、同じ装飾古墳と言っても九州と東日本とでは必ずしも同一ではない。たとえば、グルグルと巻いた渦文は東日本特有で、同心円文が主体となる九州とは異なっている。先述した福島県羽山横穴に描かれた白鹿は、九州ではまず考えられない図文である。と言うのは、九州でも白色顔料は用いられないことはないけれど、熊本県井寺古墳の直弧文や同釜尾古墳の双脚輪状文の塗分けや福岡県桂川王塚古墳右側壁の珠文（いわゆる南斗六星と呼ばれているもの）など、決して羽山横穴のようにアクセントとなる図文には使われていない。

しかし、それでは近畿の横穴式石室と近いのかと言えば、そうでもない。そのことを示す例として挙げられるのは、白土による下地調整と自由画風画題の中に描かれたアンダーラインと呼ばれる直線文である。白色の下地調整がはっきり分かるのは茨城県虎塚古墳である。平滑に整えられた壁体に直接図文を描くのではなく、白色で塗りつぶした後、幾何学文や具象文が描かれている。このような下地調整が認められるのは、虎塚古墳のほか、茨城県船玉《ふなだま》古墳、同花園３号墳などがあり、大陸の壁画墓で漆喰《しっくい》を下地調整に用いたのと同じ効果をねらったものだという。

一方、稲田健一は石室を構築する石材の表面に繊細な図文の輪郭を刻む場合、白土によ

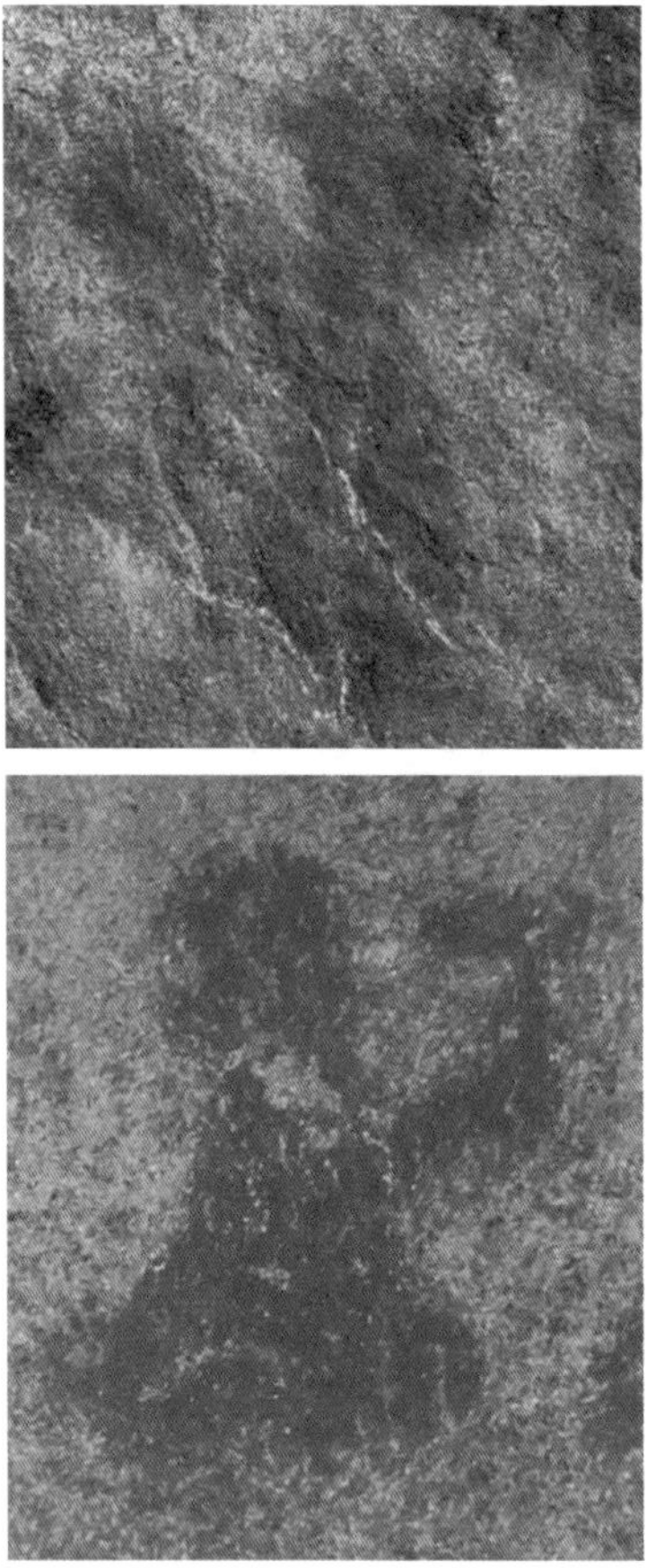

第40図　五郎山古墳（上）と泉崎横穴（下）の何かを捧げ持つ女子

側面観の像は少ないが、遠く離れた2古墳に似かよったポーズで人物が表現されている。

る表面の事前調整が不可欠だったとみる。また、アンダーラインとは、福島県泉崎横穴、同羽山横穴が顕著であり、図文の下部に横方向に引かれた直線文で、日下八光によると図文が一連の物語であることを示すとされている。以上の2点は、いずれも九州の装飾古墳には無い東日本特有の要素である。

ここで私の体験談を紹介することをお許しいただきたい。東日本を代表する装飾古墳のひとつ、福島県中通りにある泉崎横穴を訪れた時のことである。ここには、奥壁に福岡県五郎山古墳と共通した、何かを捧げ持つ女子と、手を取り合って並んだ人物が描かれている（第40図）ことは知っていた。しかし、地元教育委員会のご協力を得て、遺跡を実際に調査してその印象は一変した。奥壁だけでなく、前壁を除く横穴全面に赤一色の彩色壁画が展開していたからだ。左側壁には渦文と騎馬人物を含む馬、右側壁にも珠文と馬が描かれている。しかし、驚くべきは天井壁画である。寄棟《よせむね》の家形に加工された横穴の天井には、渦文、描きかけの円文と見られるものが一面に描かれている。他の地域の装飾古墳でも、福岡県桂川王塚古墳の星宿とされる珠文や韓国の高霊古《こうれいこ》衙《が》洞《どう》（古衙里）古墳の蓮華文のように天井部の装飾が無いわけではない。しかし、この横穴は、長２・２ｍ、幅２ｍ、高１・２ｍときわめて狭小な空間で、中に入ると入口から差し込む太陽光は期待できない。その時にはっと気が付いた。東日本に多い横穴系装飾古墳の壁画は光源を室内に確保し、実際に中に入って見渡すことが葬送儀礼の主眼だったのではないかと。

白土の意味

先述したように九州の装飾古墳は、会葬者に見せるためのものであった。その儀礼のクライマックスは、石室を閉塞した板石をずらし、室内に差し込む太陽光で飾られた空間の中に眠る被葬者と対面することにあった。福岡県の筑後川左岸は装飾古墳の集中域の一つであるが、装飾古墳の大部分は西向きに開口する。西陽が差し込むことを意識して築造されたのだろう。しかし、横穴のような狭小空間では、会葬者が入口からのぞき込むと入口からの太陽光が遮断されるため、室内の光源が欠かせない。白土による下地調整は、漆喰を意識しつつ、室内全体に展開する壁画を明瞭かつ美しく見せるため、効果の最大化をねらって採用されたのではなかろうか。その意味では、東日本の装飾古墳壁画は古代寺院の仏教壁画と共通する要素を備えている。

九州の装飾古墳が、会葬者が玄門からのぞき見るもの、東日本の装飾古墳が、玄室内で見渡すものという私の仮説を踏まえて、アンダーラインの意味を考えてみよう。

九州の横穴式石室は玄門の両側が羨道に突出し、玄門からのぞき見る時に死角となる部分の装飾が省略または手抜きされていることはすでに述べた。横穴式石室の構築には詳細な建築設計が不可欠で、玄門から室内の壁画がどのように見えるかも、当然想定されていたはずである。

東日本の装飾古墳が、被葬者に見せる、あるいは被葬者と共に図文を見ることに儀礼の要点があり、九州の場合は会葬者に見せることが主眼だったとすれば、両者には設計思想や用途の差があったことになる。しかし、九州型と共通した奥壁並行の埋葬法や、靫や連続三角文、何かを捧げ持つ側面観の女子などの図文の共通性がある以上、没交渉で成立したと見るには無理がある。

しかも、東日本の装飾古墳は畿内型横穴式石室でみられるような「隠された死者」の死生観とは正反対の観念に基づいて築造されたことは明らかだ。被葬者との血縁的なつながりの再確認の場という面では、九州よりも東日本の方が、いっそう壁画との距離感が近いのかもしれない。

そこで、装飾古墳の文化を受容するか否かの問題をさらに深めていくために、ここでは古事記に収録された「黄泉国《よみのくに》神話」を取り上げたい。この説話は、「国生み」に続く日本神話の冒頭を飾るものとしてよく知られるが、読み込んでいくと当時の死生観が凝縮しているように思う。そこで、改めてこの神話のあらましについて振り返ってみたい。

黄泉国神話

日本列島や神々を生んだのは、イザナギ、イザナミという2柱の男女の神であった。2

人は協力して、オノコロ島からはじまる国土と神々を次々に生み出してゆく。火の神を生んだ後、イザナミは火傷がもとで亡くなってしまう。そこで、悲しみにくれた夫のイザナギは、妻を訪ねて死者が住まうとされる黄泉国を訪れる。これは、ギリシャ神話のオルフェウスが死せる妻エウリュディケを訪ねハデスに赴いた説話と共通した趣旨で、死せる妻に会うために冥界を訪問する物語は洋の東西を問わず語られているようだ。

さて、最愛の妻イザナミと再会を果たしたイザナギは一緒に地上に帰ろうと呼びかけた。しかし、それは叶わなかった。すでにイザナミは黄泉国の食物を口にしてしまったからだ。これを古事記では「黄泉戸喫《よもつへぐい》」と呼んでいる。イザナミはこの禁忌が解かれるよう黄泉国の神に相談を持ち掛けるので、その間、決して私の姿を見ないで下さいとイザナギに懇願する。このような、女性が自分の姿を見ないでと頼み、男性がそれを破るというのは、同じく日本神話の鸕鷀草葺不合尊《うがやふきあえずのみこと》や「長谷雄草紙《はせおぞうし》」収録の説話、はては民話「鶴の恩返し」に至るまで、骨組みが共通するストーリーで、どうしても悲劇的な結末となる。これをジェンダーの問題として捉えるのも興味深いが、ともかくも、待ちくたびれたイザナギは、我慢ならずに髪の毛に挿していた櫛の歯を折って火を灯《とも》して覗いてみる。漆黒の闇の中に浮かび上がったのは、死んで体が腐敗しウジのわいた、かつての妻の変わり果てた姿であった。

驚愕したイザナギは、イザナミを捨てて地上の世界に逃走する。イザナミは「私に恥をかかせたな」と叫びながら、雷神など黄泉国の手下たちと共に追撃を始める。さまざまな手段で時間を稼いでいるうちに現世と黄泉国の境にある黄泉比良坂《よもつひらさか》に到る。あとわずかでイザナミに追いつかれるというところで、イザナギは現世と来世を分けるために大石（千《ち》引石《びきのいわ》）を立てて途絶することに成功する。この遮断の行為は「コトドワタシ」と呼ばれている。いわば人間の死の起源である。以来、生と死とがはっきりと分かれるようになった。無事、地上に戻ってきたイザナギは、ミソギを行って死のケガレを払う。以上が、古事記の語る黄泉国神話のあらましである。

文化によって異なる死のイメージ

ところで、イザナミがイザナギと一緒に地上へ戻れない理由は、黄泉国での食事、つまり黄泉戸喫が原因であった。実際に横穴式石室を発掘すると、須恵器という容器に食物を入れてお供えした痕跡が検出される。現代の私たちの感覚では、墓に食物を捧げるのは当たり前のことのように思えるけれど、それは死者が黄泉国でも生者と同様の生活を送るという観念があるからだ。そこに「死者の再生」の意識は希薄である。

これは東アジア特有の死生観で、後で詳しく述べるけれども、中国の壁画墓には来世でも死者が現世同様に生活する場面が多く描かれている。一方、エジプトでは死者の世界に住みつくのではなく、死者は復活再生するという意識が強い。周期的に氾濫して大地に豊穣をもたらすナイル川がその念頭にあったのかもしれない。また、「死者の書」のメインテーマも死後の審判と再生にあった。

ちなみに死者の復活で思い出されるのは聖書である。受難後に復活したイエス・キリストによって全ての人間の罪があがなわれることは、敬虔《けいけん》な信仰生活を送る上で最も重要な教義であった。メソポタミアでは、英雄ギルガメシュが不老不死を求めて旅をし、叶わずして永遠の眠りにつく。また、南アメリカのアンデスでは、生と死の世界はシャーマンの力を借りて交流するものでさえあった。さらに、アフリカのガーナでは、個人の人生にちなんだ棺がオーダーメイドされている。考古資料には、人類が共有するさまざまな死生観を反映した「死のイメージ」が凝縮しており、装飾古墳もその一環として捉えられねばならないと思う。

黄泉国への副葬品

死者への食物供献の問題に戻ろう。この風習は横穴式石室導入以前にも見られるが、爆発的に広がるのは近畿の横穴式石室が採用されて以降である。とくに畿内型横穴式石室の型式が採用された6世紀後半の群集墳を発掘調査すると、食物をとり分けるのに好適な須恵器の杯が普遍的に出土する。食物自体は腐朽して残っていないけれども、まれに貝殻や魚骨などが検出されるから、おそらく黄泉戸喫を意識した儀礼が展開したことは想像に難くない。愛媛県葉《は》佐《ざ》池《いけ》古墳のような盗掘で荒らされていない横穴式石室では、それがよく分かる。

さらに、この想定を支持するのが、黄泉国の炊飯具である。炊飯具と言っても実際に煮炊きするものではなく、副葬専用のミニチュア品である。これは、移動式の竈《かまど》、釜、甑《こしき》から構成されるから、米であればおこわのような料理を調理したのかもしれない。黄泉国神話は、横穴式石室、食物供献の風習と分かちがたく普及したものであることを裏付ける考古資料に他ならない。それでは、「隠された死者」のための近畿の横穴式石室と黄泉国神話が共に流行した原因は、どこにあったのだろうか？　その答えを求めるためには、黄泉国神話が語る本質を、もっともっと深く掘り下げなければならない。

横穴式石室はいつ普及したのか

黄泉国の神話はいったい何を物語っているのだろうか？　それは、死のケガレ、死者を目撃することに対する禁忌を教えることだったと私は考えている。さらに、大正時代から考古学界で論争があったように、黄泉国のイメージが横穴式石室を下地として形成されたのは事実だろう。現在の知見からこの想定を一歩進めるならば、神話が語るコトドワタシの儀礼では、大石を用いて閉塞が行われているから、構造的には近畿ではなく九州の横穴式石室である。もし近畿の畿内型横穴式石室だったならば、割石を積んで遮断していたはずだ。

ところが、先述したように、九州の横穴式石室で通常行われていたであろう死者と対面する埋葬儀礼が、黄泉国神話では死者は穢《けが》れたものとして明確に否定されている。つまり、黄泉国神話が日本神話として古事記に採録された背景には、死のケガレの禁忌を普及させ、「飾られた死者」という九州の横穴式石室に埋め込まれていた死生観を明確に否定することに主眼が置かれたためではないだろうか。言うなれば、九州の横穴式石室が保持していた、祖霊から脈々と受け継がれた系譜的つながりを重視する死生観を否定するために、倭王権は百済から全く異なる死生観に立脚した埋葬施設を新たに導入したのではなかろうか。その背景には、王権自らが死生観を変革する政治的な意図があったように思われる。その普及を強力に推進したのは、文献記録には残っていないけれども、時期的な符合を考慮するならば継体大王であった可能性を考えざるを得ない。

5世紀後半に登場した近畿の横穴式石室は、6世紀前半になって列島各地に普及した。鳥取県長者《ちょうじゃ》ケ平《なる》古墳、岡山県中宮《なかみや》1号墳、岐阜県二又1号墳などがその例である。しかし、それよりも前に九州から横穴式石室が広がっていた。九州の横穴式石室の伝播が認められるのは、5世紀中葉～後半と5世紀末～6世紀初頭の2回である。前者は散発的、後者は定着的な伝播という違いがある。その結果、西予、伯耆、但馬、丹後、中丹、若狭、志摩、西三河などに定着した。

さらに、6世紀になると九州の横穴式石室は東日本まで到達するが、その頃には近畿の横穴式石室も相応の伝播を遂げていたから、ひとつの地域内に九州と近畿の横穴式石室が共存していたり、紀伊のように折衷して独自の型式を生み出した事例もあった。まるで、国盗りゲームのように九州か近畿か、死生観が真っ向から対立する横穴式石室が、着々と古墳の埋葬施設を塗り替えていたのが6世紀前半という時代であった。

この勝負は、どうやら近畿側の勝利で決したらしい。結果的には祖霊との系譜的な連続性よりも、死者のケガレを忌避することを優先する風潮が日本列島全体に波及した。それにより、古墳の築造を前提として3世紀にわたって継続してきた古墳文化は、急速にその意義を失って衰退する。6世紀末には古墳はすでに納骨の場以外の何物でもなくなり、首長たちは新たな権威を寺院建立に求めたことは、歴史の教科書が語る通りである。

なぜ継体は黄泉国神話を広めたのか

それでは、なぜ継体大王は以上のような死生観のイデオロギー革命を推進したのだろうか。私はその背景には、継体大王の出自が大きな影を落としていると考える。よく知られているように、継体は、前大王から大王位を正しく継承した人物ではなかった。武烈大王の没後、後継者が見つからず、各所を探し回った挙句、近江で生まれ、現在の福井県の三《み》国《くに》に身を寄せていた継体に応神天皇の五世孫として白羽の矢が立つ。かような出自だから、後継者としての正統性に疑念が持たれるのは当然であった。事実、継体大王は伝統的な大和の豪族達から認められず、約20年にわたり大王でありながら大和に入ることができず、大和周辺の各地に行宮《あんぐう》を構えながら転々としていた。

このような境遇の中で、大王としての権威を高めるために継体は何を考えていたのだろうか？　伝統的な在地豪族たちにとっての権威の源泉は、祖先から受け継がれた系譜であり、それは継体には備わっていなかった。そこで、豪族たちが大事にしてきた系譜的な連続性を断ち切るために、死者と生者とを断絶する死のケガレを前提とした舞台装置、つまり畿内型横穴式石室の普及を強力に推し進めたのではないだろうか。

しかも、継体にはまた別の意図もあった。単に断絶するだけでなく、大王を頂点とするタテ系譜として、豪族たちの系譜を再編し直すこと。つまり、継体は階層的な支配を現世ではなく来世に求めようとしたのだ。そのためには、イデオロギー的な仕掛けが必要だった。それが、舞台である畿内型横穴式石室と黄泉国神話の死生観だったのではなかろうか。

淀川水系にいた土師氏

この死生観イデオロギーの大変革を進めたのは、継体大王単独ではなかったと思う。その協力者は、和泉から淀川水系に進出してきた土師《はじ》氏だと私は考える。職掌として埋葬施設の築造を担っていた土師氏は、まさにこの計画の推進にうってつけであった。湖国で生まれ、日本海側でスカウトされた継体が近畿に進出しようとすれば、淀川水系は必ず押さえなければならない地域である。

それでは、継体はどのような経緯で土師氏と結びついたのだろうか？　これも考古資料と文献記録との接点から、その理由をうかがい知る証拠が見つかる。

『続日本紀《しょくにほんぎ》』延暦九年（790）十二月条に有名な一説がある。

〈其れ、土師氏はすべて四腹あり。中宮の母家は、これ毛受《もず》腹なり。故に、毛受腹は大枝《おおえ》朝臣を賜ふ。自余の三腹は、あるいは秋篠朝臣に従ひ、あるいは菅原朝臣に属する〉

【現代語訳】

そもそも、土師氏には四つの分族がある。桓武天皇の母方の氏族は百舌鳥の分族である。したがって、百舌鳥の分属は大枝朝臣の称号を賜った。それ以外の三つの分族は、一方は秋篠朝臣と、もう一方は菅原朝臣と名乗らせた。

この記事は、桓武天皇の母、高野新笠《たかののにいかさ》の母方の氏族は山城にもとから居た在地豪族ではなく和泉の毛受（百舌鳥）の土師氏から分族した大枝氏だと語っている。百舌鳥の土師氏と言えば、大阪府堺市の百舌鳥古墳群の古墳築造や葬送儀礼を掌《つかさど》った大豪族である。その祖先は、垂仁天皇の皇后であった日葉酢媛《ひばすひめ》の死に際して、殉死の代わりに埴輪を考案し、また相撲の祖としてもよく知られた野見宿禰《のみのすくね》である。この大枝氏の根拠地は、現在も京都市内に大枝という地名が残っているから桂川水系沿いだろう。だとすれば、百舌鳥から、当時、湖だった河内湖を渡り、淀川を遡り木津川との合流点を経て、桂川を遡上して現在地に落ち着いたのではないかと目される。

第 41 図　物集女車塚古墳の石室と石棺
近畿では珍しく、奥壁と並行に石棺を据えている（画像提供：向日市教育委員会）。

その移動時期は、子細に考古資料を追っていくと、どうやら古墳時代後期、６世紀のことであった可能性が高い。

『和名類聚鈔《わみょうるいじゅうしょう》』は平安時代に編纂された辞書であり、全国の地名が採録されている。その中で淀川沿いに土師氏との関係を想起させる地名を拾えば、「山城国乙訓郡物集郷《もずめごう》」、「摂津国島上郡濃味郷《のみ》」がある。『新撰姓氏録《しょうじ》』には左京未定雑

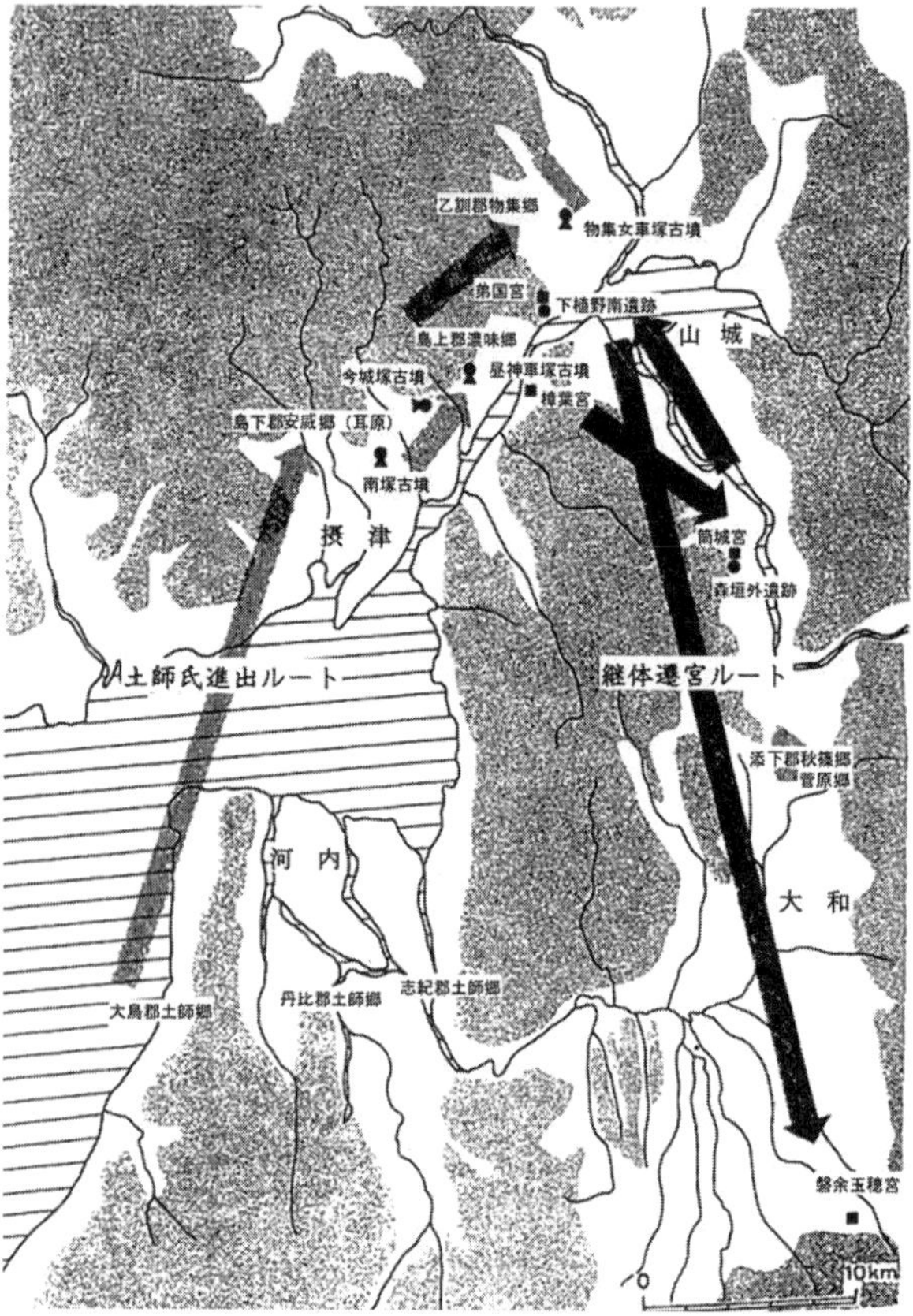

第 42 図　継体朝の淀川と大和の古代史族の動向

百舌鳥にいた土師氏が淀川水系に進出し、継体大王は木津川を遡って大和へ進出した。

姓として物集連氏、山城国未定雑姓として物集氏の名がみえ、有力とは言えないが嵯峨野を根拠とした秦《はた》氏につながる渡来系氏族とされている。

さて、物集郷には京都府物集女車塚古墳（第41図）、濃味郷には大阪府昼神車塚《ひるがみくるまづか》古墳が6世紀前半の首長墓として築造されている。これらは、いずれも50m級の前方後円墳で、円筒埴輪や形象埴輪は土師氏の根拠地である埴輪窯跡（大阪府百舌鳥梅町窯《うめまちよう》、奈良県菅原《すがはら》東埴輪窯）の製品と製作技法が共通する。さらに、これら2基の首長墓に大阪府南塚古墳を加えたい。この古墳は、現在破壊されているものの、横穴式石室のプランや石棺の材質、規模、初葬の石棺の配置が物集女車塚古墳とぴたりと一致し、同一の設計企画に基づいたことは間違いない。昼神車塚古墳の埋葬施設は発掘調査されていないため不明だが、この3古墳は被葬者間に生前から緊密な関連性があった。だからこそ、石室の設計図や石棺材などを融通することができたのだろう。それは、地名から類推されるように、土師氏という同祖同族的な結合関係に他ならないと思う。なお、南塚古墳の所在地は摂津国島下郡安《あ》威《い》郷で、一見すると土師氏と関係が無さそうだが、近くに耳原《みのはら》の地名が残されている。この「耳原」の初出は不明ながらも、古事記には仁徳の陵墓所在地が「毛受之耳原」と記されており、和泉の百舌鳥との関連がうかがえる地名であることは言うまでもない。

以上の考古学的な検討から、淀川を遡上した毛受腹の土師氏の山城への移動は、6世紀前半であったと推定する（第42図）。まさに、継体大王が大和に入れずに、弟国宮《おとくにのみや》、樟葉《くずは》宮や筒城《つつき》宮など淀川・木津川水系に遷宮を繰り返していた頃である。この時期に、継体は土師氏との結びつきを強めることで、埋葬施設を通じた死生観イデオロギーの革新という、起死回生の一手を思いついたのかもしれない。しかも、山城の土師氏の近くには石棺製作を掌る石作《いしつくり》氏が播磨から移住して来ており、埋葬施設全般の供給体制にもぬかりはなかった。こうして、継体は満を持して、葬送革命に着手したはずであった。

抵抗勢力となった磐井

ところが、強力な抵抗勢力が現れた。それは、近畿よりも1世紀ほど前に横穴式石室を導入した九州の在地豪族たちであった。それまで、九州では、飾られた横穴式石室の中で祖先にまみえ、祖先から受け継がれた同祖同族的な結合を再確認し、強化する儀礼が行われていた。これが、継体の改革を跳ね返す強固な岩盤層となった。異人王としての宿命に抗って、大王としての権威を保とうと懸命に葬送イデオロギーの革命を仕掛けた継体の心情は察するに余りある。しかし、九州の豪族の立場に立つと、それは自らの権威の拠り所に干渉する行為であり、到底容認できるものではなかったとも思う。渦巻く大王権への不信感が募り、磐井の乱の勃発へと到るカウントダウンはすでに始まっていた。

本章では、装飾古墳が近畿に少ない理由を文化の中心と周辺という立場ではなく、当時の近畿と九州という真っ向から対立する死生観を前提として考察してきた。この仮説を踏まえると、筑紫君磐井の乱も違った捉え方ができるように思う。先述したように、度重なる朝鮮出兵の重荷に苦しんだ九州の豪族たちの声を代弁したのが磐井であったという見解が通説になっている。たしかに、そのような事情もあったのかもしれない。

しかし、本質はもっと別の所に原因があったのではないだろうか。つまり、継体大王は、祖先から連続する豪族たちの系譜を認めず、大王家を頂点とするタテ系譜に再編しようとしていた。この系譜は、伝統的な豪族であればあるほど困惑と反発とを招いたに相違ない。しかも筑紫君と言えば、筑後を根拠地とする押しも押されもせぬ大豪族である。大王位の継承に正統性が疑われる継体なんぞが進める葬送改革など、何するものぞといった気概があったことは想像に難くない。

磐井が敗北した6年後、次は、関東平野北部を舞台として武蔵国造《むさしのくにのみやつこ》の乱が勃発する。

このような、伝統豪族の反乱が相次いだのも、継体大王が推し進めた葬送イデオロギーの革命にひとつの要因があるように私には感じられてならない。したがって、以上述べ来ったように、装飾古墳が近畿地方に少ない理由は、古墳文化の周辺で開花したからという通説には、ひとまず明確な反対を表明しておきたい。

第5章

装飾古墳が九州に多いのは中国に近いからなのか？

高松塚古墳やキトラ古墳は装飾古墳なのか

日本列島の装飾古墳が最も多く分布するのは九州である。その理由について、日本の装飾古墳は中国の壁画墓が伝播したもので、九州は大陸に最も近いためという見解が提唱されていたことがある。これは、石人石馬についても当てはまり、中国の皇帝陵で墓道に配列された鎮墓獣《ちんぼじゅう》や石彫の影響で登場したと考えられたこともあった。

しかし、現在では石人石馬と中国や朝鮮半島の鎮墓獣との関連を主張する見解は成立する余地が無くなっている。はたして、装飾古墳は大陸の壁画古墳、壁画墓との関連で日本に登場したのだろうか？

装飾古墳と壁画古墳の違い

まず、装飾古墳と聞くと、奈良県の飛鳥に分布する高松塚あるいはキトラ古墳を連想する方も少なくない。確かに埋葬施設内を装飾するという意味では、この2基は広義の装飾古墳と言えなくもない。しかし、後述するように九州をはじめとする装飾古墳とは、あまりに隔たりが大きく、同じカテゴリーで括《くく》るには無理がある。そこで、現在の考古学ではこの2基は「壁画古墳」と呼ばれていて、厳密には装飾古墳と区別されている。装飾古墳と壁画古墳とでは埋葬施設の構造、画題、系譜に全く別物と言って良いほどの差があるため、本章ではこの問題について詳しく論述していこう。

　まず、時期が異なっている。装飾古墳は4世紀中葉に登場し、7世紀前半で終焉する。一方、壁画古墳は7世紀末から8世紀初頭に登場する。ちょうど飛鳥時代の終わりから奈良時代の初めにかけてであり、古墳時代を中心として開花していた装飾古墳の文化が完全に終結した後である。すなわち、文化が展開する時期が装飾古墳と壁画古墳とでは完全に異なっているのがひとつ目の相違点である。

　二つ目は、図像が表されるカンバスとなる埋葬施設の構造が完全に異なる。装飾古墳の埋葬施設は、横穴式石室・石棺・石屋形・横穴ときわめて多彩である。図文がある埋葬施設を装飾古墳として包括しているため、埋葬施設の地域性がそのまま装飾古墳の多様性となっているようだ。しかし、壁画古墳の場合は、現在までのところ横口式石槨《よこぐちしきせっかく》一種だけである。横口式石槨とはあまり聞きなれない言葉かもしれない。槨とは棺を収納する施設のことで、横口が付いていてそこから棺を石槨内部に差し込む構造となる。例えば、高松塚古墳やキトラ古墳には二上山の凝灰岩製の組合式《くみあわせしき》の横口式石槨が収められており、内部に漆塗《うるしぬ》り製組合式の木棺を収納したものである。ちょうど、石槨の長軸を南北に見立てており、横口側が南、奥壁側が北である。キトラ古墳が発見された時、南側から挿入されたファイバースコープカメラが奥壁に向けられて、北を守護する玄武像が浮かび上がってきた衝撃的なテレビ映像を覚えている方も多いだろう。

　第3は、分布地域が全く異なっている。装飾古墳は前章で詳しく論述したように、近畿が空白域である。ところが、壁画古墳は、現在までのところ近畿でしか発見されていない。さらに言うなら、奈良県の飛鳥でしか発見されていない。考古学では「無い」ことを証明することはできないけれども、壁画古墳が築かれた時期に飛鳥以外に終末期古墳が築かれている例はきわめて少ないから、この傾向が大きく変わる可能性はあまりないと見るべきだろう。

　第4は、彩色壁画を描くための顔料が異なっている。特に異なっているのが緑である。装飾古墳の緑は、緑土という粘土系鉱物が顔料に加工されている。ところが、壁画古墳の場合には、孔雀石（マラカイト）という日本画でも使われる鉱物である。また、加熱工程などを加えて、化学的な調整をした顔料も壁画古墳の場合には用いられている。したがって、陰影を付けたり微妙な色使いが可能となっている。これに対して、装飾古墳では化学変化の工程を伴わずに製造された顔料である。したがって、単色をベタッと塗るような表現でしか描けない。しかし、装飾古墳では輪郭線のない描写ができるため、壁画古墳よりも力強い造形表現が可能となっている。

　第5の相違点は人物描写のルールである。発見時以来指摘されているが、壁画古墳の人物像は、漢魏《かんぎ》六朝《りくちょう》や唐、高句麗の人物描写との共通点が多い。例えば、有名な高松塚古墳の飛鳥美人群像を見ると、各人の顔面は完全な正面観または側面観ではなく、ちょうど斜め45度から見たような描写である。つまり、顔面の片側と鼻の向こう側にもう片側を見通すような表現がとられている。遠い側の片目は顔の輪郭で切られる。ところが、装飾古墳の場合は全く異なっている。まず、図像の輪郭線が無く影絵風の表現をとっている。したがって、正面観か側面観かの二者択一しか表現できない。もっとも側面観はきわめて少ない。たとえば、福岡県五郎山古墳と福島県泉崎横穴には、手を顔の前に差し出し何かを捧げ持つスカートをはいた側面観の人物像が表されている。両者は直線距離でも１０００㎞近く隔たっているから、同一作者が描いたとは考え難い。おそらく当時の定型化したモチーフだったのかだろう。

　そもそも人間が、対象を絵として描く場合には、「ありのまま」に写し取ることはできない。いろいろな要素を捨象し、一定のルールに従って表現する生物なのである。自由気ままに描いているように見えても、無意識的にきわめて厳密なルールに従属しており、しかもそれは文化や社会によって異なっている。本書でも「自由画」という言葉を使っているけれど、この束縛から完全に自由になることはできない。これを佐原眞《さはらまこと》は「絵の文法」と呼んで、原始絵画を比較する方法論を開拓した。洞窟壁画、装飾古墳、エスニックアート、子供の絵など、従来、稚拙な絵画と見なされてきた作品を比較検討し、絵の文法の存在を実証し、本質に迫ろうとした。その中で試みられた、よく知られた実験で確かめてみよう。

絵を描く時のルール

まず、第1の実験。どんな紙、筆記用具でも良いから、4本脚の動物を描いてみていただきたい。上手、下手は問わない。私自身ができれば良かったのだが、あいにく読者の皆様にご披露できる代物にならないため、私の娘に代わりに描いてもらった。注意していただきたいのは、この動物をどこから描き始めたかという点である。私が想像するに、多くの方々は、頭から描いたのではないだろうか？　ヒトは、人物や動物を認知する場合、ま

第43図
右利きの私の娘が描いた４本脚の動物の絵

第44図
私の娘が描いた鳥の絵

ず顔に対して真っ先に注意が向けられる。頭を先に描き、次にどこをどのように描くかは利き手によって差が生じるようだ。右利きの場合、左から右に右手および腕を動かす身体行為が自然である。これが逆に右から左になると顔の上を手が通過することにより、せっかく描いた顔を汚してしまう。胴体や尻尾は顔の右側に展開するから、以上のような理由で右利きが描き手の場合には左向きの動物になることが多い（第43図）。一方、左利きの場合には、頭を先に描いた後で右から左へ左手と腕が動かされる。したがって、動物の向きは右利きと逆の右向きになるはずである。ただし、断っておくと、この右向きか左向きかの差は、真っ白なカンバスに何の制約もなく描いた場合に限定される。群像や他の図文との絡みのある場合にはこの限りではない。このため動物が右向きだからといって、必ず描き手が左利きであったはずだと断言できる訳ではない。

もう一つ別の実験をしてみよう。飛んでいるのではなく止まった鳥を描いてほしい。大半の人が描いた結果は、鳥の側面だと想像するが、注目してほしいのは足先である。爪が分かれた足を描いてはいないだろうか（第44図）。つまり、ここから分かることは、ヒトが鳥を描写する場合には、上半身は側面観、足は正面観が複合した図像を描きがちだということだ。もちろん、このような鳥は実際には存在しない。ヒトが存在しない鳥を描いてしまう理由は、描写対象のパーツを個別的に認知し、頭脳の中で合成するからである。しかし、それでもこの図像を見た第三者が同じく鳥と認知できる理由は、絵が文化の中でコミュニケーションするための記号であるからに他ならない。

　ちなみに、ごく稀な例であるが、真正面から飛翔する鳥を描いた図像が福岡県五郎山古墳にある。また、メキシコ高原の古代都市、テオティワカンの彩色壁画に真正面から見た翼を広げたフクロウが登場している。しかし、古代文明の鳥の図像を渉猟しても、正面観はごく少数である。私を含め大多数の人は写生ではなく、認知しやすい対象を組み合わせた実際には存在しない鳥を無意識のうちに描いている。これが、私たちを支配している絵の描き方のルール、つまり絵の文法による拘束なのである。

もし、○○人が高松塚古墳の「飛鳥美人」を描いたら

このようにヒトは、認知と表現の呪縛から逃れることができない。それが文化ごとに異なっているとすれば、装飾古墳と壁画古墳の画題選択や描写表現法の差は、表現者が属している社会で共有される絵の文法の差に帰着すると見るのが妥当だろう。ここで、さらにもう一つの思考実験をしてみよう。

奈良県高松塚古墳を特徴づける主たる図柄が、飛鳥美人群像であることは異論があるまい。切手などでよく目にするあの人物群像を、もしも古代エジプトの画家が描いたらどのような図像になっただろうか？　おそらく、エジプトの死者の書に描かれているように顔は横顔、上半身は正面で、下半身は側面で表されたに違いない。また、描かれた人の身分の上下によって、大きさが変えられていたかもしれない。たとえば、女官の中で身分の高い人は大きく描かれ、低い人は小さく描かれていた可能性がある。しかし、現実の飛鳥美人群像にはほとんど背の高さに差が認められない。それを写実的な表現と言って良いかは判断に迷うけれども、文化や社会の違いによって同じ対象を描写したとしても全く異なった図像になるだろうことは十分に予測される。

さらに、この思考実験を進めて、装飾古墳を築造した九州の人たちが、飛鳥美人群像を

描いたら、いったいどのような絵になっただろうか？　顔から上半身にかけては真正面で描かれたかもしれないし、輪郭線が無く影絵状にベタッと絵具を塗りたくったような人物表現になっていただろう。また、飛鳥美人群像の特徴である一人一人を少しずつ重ねて奥行きを表現する描き方も、優美さ、華麗さをいっそう強調するスカート部分の色の塗分けも、装飾古墳とは無縁な表現法である。もし装飾古墳だったら、一人一人が重ならないように描かれたに相違ない。そうなると、あの飛鳥美人群像が発している趣とはかけ離れたものになっていたに違いない。

装飾古墳の絵は稚拙な絵なのか

ヒトは絵を描くルールから逃れられない。それならば、装飾古墳の絵に優劣の評価を与えることはできないだろう。たとえば、装飾古墳の絵は、子供の絵のようだという評価をよく聞く。子供の絵は、遠近法に則っていないし、陰影や繊細な塗分けも描き込まれていない。したがって、一見すると絵画描写の技術レベルは低いものと評価されがちである。

しかし、福岡県石人山古墳や熊本県井寺古墳の直弧文が示すように、古墳時代のデザイナーは定規とコンパスだけを駆使しながら石材に割り付け、レリーフや彩色であの直弧文を表現したのである。思い付きや成り行きでは、決してこのように複雑なデザインはできないと私は思う。自由画とされている画題とても同様だ。

　私が強調したいのは、描画の技術レベルの優劣ではなく、絵の文法が古墳時代人と現代の私たちとでは異なっているという点だ。したがって、西洋画を中心に、古今東西の美術鑑賞に慣れ親しんだ現代人の眼からみて、異質イコール稚拙と評価することは間違いだと思う。もし、単に稚拙であるだけならば、生命力に溢れた原始絵画として多くの人々を魅了することは決してなかったに違いない。

　九州の装飾古墳と飛鳥の壁画古墳とは、絵を描くルールが全く異なっていた。しかし、それは描画技術の高い、低いで評価されるべきではない。もし、日本列島の装飾古墳が中国の壁画墓の影響で登場したのであれば、高松塚古墳のような絵になっていたはずである。事実、朝鮮半島では加耶《かや》の高霊古衙洞古墳や百済の宋山里《そうざんり》６号墳などが装飾古墳として知られているが、それらは九州よりも高句麗・中国の壁画墓の方に近い。地理的に近い日本とは、全く異なった装飾古墳なのだ。もっとも、日本の装飾古墳には、以前から指摘されているように福岡県珍敷塚古墳のヒキガエル（蟾蜍）、同竹原古墳の四神など、大陸系モチーフがあるのは事実である。しかし、あらためて言われてみなければ分からないほどデフォルメされているし、文脈から外れた要素に過ぎない。九州における装飾古墳は、大陸の壁画古墳とは、基本的に没交渉で成立した、独自で固有の文化なのである。

日本だけで理解することの限界

ここまで論じ来って、唐突だが分析の視角を日本から世界へと大きく舵を切ることにしよう。と言うのは、かりに装飾古墳の文化が日本固有の文化だとしたら、国内論理で議論をいくら詰めたとしても、日本史の枠内でしか評価ができないからである。それでは、装飾古墳を古墳時代のローカルな文化と見なしたかつての考古学的地平と変わらず、本書が今まで堅持してきた論点と逆行することになる。墓を飾る風習は日本独自ではなく世界各地に分布することは、これまで折に触れて論及してきたし、人類史として装飾古墳・装飾墓を位置づけるために世界的な視野に立つことは避けて通れない。ただし地球上の装飾古墳・装飾墓についてこの小著で論じ尽くすこともできないので、変遷過程に見られる類似点と相違点とを抽出し、比較検討する方法を取らざるを得ない。これは、考古学で最近注目されている「比較考古学」という研究手法である。装飾古墳・装飾墓の比較考古学という、誰も試みたことのない研究の最前線の一端を次章以降で紹介することにしたい。

第6章　装飾古墳への旅、日本から世界へ

すでに、私たちは装飾古墳を人類史に位置付ける上で足かせとなるような、いくつかの先入観を排除することができた。今あらためて、それらを列挙すると次のようになる。

①装飾古墳は、九州の在地に根付いていた石人石馬というローカルな文化が、筑紫君磐井の乱の敗戦をきっかけに大王家に否定されたため、地下に潜って開花したレジスタンス芸術である。

②日本の古墳は、赤色顔料を埋葬施設内に塗布することを除き、埋葬施設を飾ることは無かった。したがって、倭王権の中枢である近畿地方中央部を避けるように分布する装飾古墳の文化は、古墳文化のローカルな展開に過ぎない。

③装飾古墳の半数以上が九州に分布する理由は、九州北部および中部が古来、大陸の窓口であったため、漢代以降に盛行する中国の壁画

第45図　埋葬法の比較考古学のための地域単位
人類史の観点から埋葬法の変遷過程を捉えるために設定した21の地域単位。

墓の影響を受けて登場したものである。

それでは、この3つの先入観を取り除いた先に見えてくる埋葬施設を飾る文化とは、どのようなものだろうか？　そこで、本章では装飾古墳や装飾墓を訪ねて世界へと旅立ちたい。その道しるべとして古代文明の中から埋葬施設を装飾する文化を抽出し、歴史的な文脈の中で比較・分析する「比較考古学」の手法を通じて、装飾墓の世界史を概観してみよう（第45図）。旅の出発点となるのは、文明発祥の地、古代エジプトである。

第 46 図　ヒエラコンポリス 100 号墓の壁画
白いゴンドラ形の船と、舳先だけが跳ね上がった黒い船。エジプトの装飾墓のルーツとなる最古の彩色壁画作品である（Quibell,Green 1902 の復元による）。

エジプト

世界最長の大河、ナイルの賜物として展開した古代エジプト文明での彩色壁画墓の登場は約５０００年前に遡る。先王朝時代末期の上エジプト王国の首都、ヒエラコンポリスに築かれた１００号墓がそれである（第46図）。ヒエラコンポリスという都市は、ワディ（涸谷《かれだに》）に貴族墓地が営まれ、オーロックス、ヒヒ、ヒョウなどの動物が供犠《きょうぎ》されたエジプト王権発祥の地として知られている。この墓は、貴族墓地が何らかの理由で焼亡した後、ぽつんと離れて登場する。長方形の竪穴墓で、副葬品と遺骸の収納空間が壁で仕切られている。漆喰で下地を整えた側壁の一辺に、赤・白・黒の顔料で同時期の彩文土器と共通した図像を描く。主な構成は、舳先が跳ね上がった黒い船を囲む、５隻の白いゴンドラ形の船である。その間には争い合う人物や、闘争する２匹の動物を仲裁する人物などが描かれる。この人物・動物のポーズにメソポタミア文明との関連性を指摘する見解もある。しかし、先王朝期の装飾墓はこれ1基のみで、その後、ヒエラコンポリスでも装飾墓は消え去ってしまう。

　ナイル川沿いに展開した上エジプトと下エジプトの両王国が統一されると、上エジプトのアビュドスに第1王朝の王家の墓地が営まれる。しかし、これらに彩色壁画は見られない。一方、先王朝時代から宮殿の外観を象った装飾棺が登場するが、これは同時期に下エジプトのサッカラに築かれた墓の形態と共通する。そして、ピラミッドの時代がやってくる。最初のピラミッドであるジョセル王のそれは、6つの直方体を積み重ねた階段ピラミッドだ。長方形の周壁で区切られ、葬祭殿と複合したエジプトで初めての施設である。建物内部は、青色ファイヤンス（ガラスと同質の釉《うわぐすり》をかけて焼いた古代エジプトの焼物）で飾られている。

　一方、第4王朝のクフ王のピラミッドはギザの三大ピラミッドの一つとしてよく知られているが、花崗岩の切石で構成された玄室は簡素で装飾は無かった。次の第5王朝になると、ウナス王のピラミッドのように玄室の内壁全面にピラミッド・テキストが刻まれる。その内容は、王が彼岸でオシリス神になるための呪文である。王墓だけでなく、貴族のマスタバ（古代エジプトのベンチ形の墳墓）にも人物、動物、偽扉《ぎひ》などを描いた装飾墓が普及する。新王国時代になると、埋葬施設の規模が急速に縮小する。しかし、一方で墓はきわめて装飾性豊かに展開する。その代表例が、王家の谷に営まれたツタンカーメン墓である。ドラマティックな発見物語が一大センセーションを巻き起こし、装飾棺ばかりが注目されているが、墓室壁画もまた白眉である。

ヌビア

また、エジプト文明から多くを受け継いだヌビア（スーダン）では、ナパタやメロエにピラミッドを象った王墓が築かれている。ここでは、装飾墓も知られていて、アル・クッルに築かれた装飾墓は画題、描画技法ともエジプトと共通したものであった。そのうちの1基、タヌトアモン王墓には、アヌビス神やオシリス神などのエジプトの神々や、船、死者の審判の場面などが描かれている。

メソポタミア・ペルシャ

メソポタミアの装飾墓は、エジプトに比べて低調である。４５００年ほど前に古代都市ウルに築かれた王墓では、20世紀前半にイギリスのウーリーを団長とする発掘調査が行われ、豊かな副葬品が世界を驚嘆させた。しかし、墓室装飾に関係しそうなものは、墓碑のような立石や彩色片が出土しただけであった。メソポタミア最南部を根拠地としたシュメールではギルガメシュ叙事詩に見るように、エジプトと比べると来世のイメージは希薄だったのかもしれない。その後も、バビロニアのシュメール、アッカド両地域とも装飾墓の展開は見られない。アケメネス朝ペルシャでは、横穴のような岩窟墓がナクシェルスタムに営まれ、王の事績を表した場面と銘文が外壁に表される。ササン朝ペルシャでも、王の叙任式や戦闘、拝火教に関連した場面が表される。ペルシャの装飾墓では日常生活に関連した場面は少なく、王権神授の場面など王に関連したものが主題である。

ギリシャ・マケドニア・トラキア

エーゲ海は古代ヨーロッパ文明の揺籃《ようらん》の地でもある。クレタ島を中心に開花したミノア文明では、幾何学文や日常生活を多色で表した彩色陶棺の出土が知られている。動物供犠や器楽演奏の場面が多色で表され、カラフルな海洋文明のイメージに合致する。ギリシャ本土のオルコメノスには、渦文や花文のレリーフ装飾を表した墓が築かれた。ミケーネ期以降には葬祭専用のアンフォラ（2つの取手が付いた壺の一種）、墓碑、哀悼彫像などの造

第47図　トラキアの装飾墓
シュベシュタリに築かれた装飾墓（復元）。上部を支える半人半植物の彩色女性像が表されている。

形品が登場し、古典期には神殿形の墓がある。しかし、今までのところ、装飾墓のような大型のギリシャの彩色壁画は知られていない。ただし、装飾美術にこだわったギリシャ人が、彩色壁画を描かなかった訳ではないと思う。それは、ギリシャの北に位置するマケドニアが、ヨーロッパで装飾墓が盛行する地域の一つであることから推察される。マケドニアでは、ギリシャ神殿風のファサード（正面観）に漆喰を塗って下地とし、顔料や染料で直接描かれたものや、卵白を用いたテンペラ画の技法が採用されている。画題は、狩猟や宴会の場面、馬車や植物や神話など多彩である。その代表例が、アイガイにあるアレクサンドロス大王の父、フィリップ2世墓である。墓全体が博物館になっており、精巧華麗な彩色レリーフを見学することができる。

このようなギリシャの影響を受けた装飾墓は、黒海西岸のトラキアにも波及した。トラキアの王墓は、日本の古墳同様の高塚古墳であるが、2基の装飾墓が世界遺産に登録されている。ブルガリアのシュベシュタリのトラキア人の墳墓は紀元前3世紀に築かれ、玄室内には、半人半植物の10体の女性像が浮き彫りと彩色によって表されている（第47図）。カザンラク市は古代トラキアの都市セウトポリスに近接し、郊外に1500基に及ぶ古墳が築造されている。そのうちの1基が紀元前4世紀の装飾墓で、穹窿天井を持つ。彩色壁画が穹窿天井全面に描かれている（口絵図版15）。椅子に座って向き合う王と王妃の後ろには、多数の従者、疾走する馬車など馬事関連の画題が多い。しかし、黒海北岸のスキタイ、さらに東方の遊牧騎馬民族であるサウロマタイやサカにまで装飾墓の文化が広がっていたかは定かではない。

第48図　クラゾメナイ型陶棺の例
棺蓋を受ける平坦面に描かれた彩色画。

トルコ

トルコは装飾された墓の国である。エジプトやギリシャとも異なる、独自の装飾墓の文化がアナトリア半島内に広く展開している。まず、注目されるのがエーゲ海に面した南西部のイオニア地方だ。当地には、イオニア人が植民したギリシャ系都市国家が築かれ、イオニア陶器と呼ばれるカラフルな土器文化が花開いた。それは埋葬文化にも影響を与え、二輪戦車や幾何学文の彩色文様で飾られたクラゾメナイ型陶棺という装飾棺を生み出している。この陶棺で興味深いのは、蓋を受ける身の平坦面が最も加飾されていることである（第48図）。この装飾部分は、蓋を閉じると見えなくなってしまう。したがって、装飾古墳で行われたような「飾られた死者」と共通した観念に基づく納棺の儀礼が行われていた可能性がある。

このほか、ヘレニズムと共にトルコに伝わったギリシャ的な葬祭文化として、神殿形墓が挙げられる。これは、もとはギリシャ本土の古典期を特徴づける墓制であったが、華麗に彫刻されたモニュメントとしてトルコに定着した。現在、大英博物館に展示されているネレイド・モニュメントや、破壊されてはいるがハリカルナッソスのマウソレウム廟がその例として挙げられる。

紀元前7世紀の終わり頃、琥珀金（エレクトラム）を用いた人類最古の貨幣が、リディア王国で発明された。その首都であったサルディスの近郊には、「千の丘（ビンテペ）」と呼ばれる古墳群が今も遺されている。そのうちの1基、ラーレテペ・トゥムルスには、玄室内に被葬者を横たわらせる石製寝台があって、彩色された幾何学文で飾られている。また、その南に展開するリュキアでは、石棺を高い位置に掲げる固有の文化があった。石棺は切妻の尖頭アーチ形で棺身の下部は直方体の基壇に繋がっている。大英博物館が所蔵するパヤヴァ墓はその典型例であり、基壇部には将軍パヤヴァの生前の姿が彫刻されている。このほか、リュキアの装飾墓には、洞窟墓の入口を神殿形や家形のファサードで飾るものも知られている。

　クラゾメナイ型彩色陶棺、ギリシャ系の神殿形墓、リディアの彩色装飾墓、リュキア型石棺、神殿形または家形ファサードの洞窟墓など、多種多様な装飾墓がアナトリア半島には開花している。まさに、トルコは飾られた墓の国と名付けるに相応しい。

　さらに、トルコの南に位置するパレスティナも、装飾棺で注目される地域である。レバノンのシドンを中心としてギリシャ彫刻の影響を受け、華麗な彫刻で飾られた大理石製石棺の文化が広がっている。その白眉がイスタンブール考古学博物館が所蔵するアレクサンドロスの石棺である。この石棺は、その名に反してアレクサンドロス大王自身のものではないけれど、側面にはイッソスの戦い、もう片方には獅子を狩る図像が躍動的に表現され、製作当初には華麗な彩色が施されていたらしい。また、このシドンの王族墓地からは18名の悲嘆にくれる女性像を棺身に彫刻した石棺も発見されている。

エトルリア

イタリア北・中部の古代国家であるエトルリアは、ヨーロッパで最も装飾墓が開花した地域と言ってよいだろう。今も向日葵《ひまわり》とブドウ畑が広がるトスカーナ平原には、世界遺産に登録されたタルクィニアやチェルベテリ（カエレ）といった大型共同墓地（ネクロポリ）が営まれ、それぞれで装飾墓が知られている。タルクィニアではティレニア海に臨むモンテロッツィ墓地に紀元前7世紀から壁画墓の造営が始まり、２００基もの装飾墓が共同墓地を構成していた。地下を掘り込んで切妻形天井の墓室を造り、それを建築に見立てた彩色壁画墓である。奥壁天井近くの中央には垂直方向の棟柱を描き、その両側に相対する動物を配置する。その下には、舞踊、奇術や占い、狩猟や漁撈《ぎょろう》などの日常生活が表現されている。

この地域の彩色壁画墓は、古くは事物の輪郭を描き、橙や赤、黄など暖色系の明度や彩度がはっきりとした顔料で絵付けをしたものが主流であった（第49図）。しかし、次第に輪郭が薄くなり、水彩画のような淡い色合いが好まれるようになる。図像も夫婦による饗宴（シンポジオン）が奥壁の中央に表される。

ヘレニズム期になるとこの傾向は一変する。彩色壁画の画題が死や彼岸となり、再びしっかりとした輪郭線が復活する。使用される顔料も青や緑を多用した寒色系へと置き換わる。たとえば、冥府の渡し守であるカロンもこの時期のテーマの一つであり、青い体に黒の斑点を持った奇怪な人物が他界へ

第49図　タルクィニアのヒョウの墓
奥の彩色壁画にはシンポジオンの場面が描かれている。

第50図　チェルベテリのレリーフ墓
死者の家を象った装飾墓。エトルリア人の死生観をよく表現した複数の被葬者のための墓。

の偽扉を守護している。以上見てきたように、タルクィニアの彩色壁画墓の伝統は、暖色系から寒色系へ、日常生活から冥界を表現したものへと明確な変遷をたどることができる。

このような展開とは対照的に、もう一つの中心であるチェルベテリのバンディタッチャ墓地では、全く異質な装飾墓がヘレニズム期に登場している。紀元前4世紀末に築かれたレリーフ墓である（第50図）。地下を掘り込んで家に見立てたこの墓は、さまざまな器物を壁や柱にかけた様子までもが彫刻で表現され、40体を超える死床が設えられている。まさに死者の家に他ならない。来世にも現世同様の生活を夢見たエトルリア人の死生観が凝縮されているようだ。

一方、イタリア半島南部のカンパーニア州に所在するパエストゥム周辺にも約200基の装飾墓が分布することが知られている。ここは紀元前7世紀末に建設されたギリシャ人の植民都市である。都市の廃絶後は一時廃墟と化したが、18世紀に再発見された後はゲーテの文学やピラネージの連作など文学・芸術作品にたびたび取り上げられ、1998年には世界遺産に登録された。ティレニア海に臨む台地にケレス神殿、ネプチューン神殿、バジリカと呼ばれる神殿の3基が良好な状態で遺されている。

1968年、パエストゥム南方約2㎞に位置する共同墓地で、装飾墓が発見された。

「ダイバーの墓」と名付けられたこの墓は、蓋を持った石棺で紀元前４８０年頃に造営された。内面全体をストゥッコ（化粧漆喰）で被覆し、彩色で図文を表したフレスコ画が描かれていた。画題には、器楽演奏、スポーツやシンポジオンの場面がある。その中でも、特に注目されたのは蓋の裏に描かれた、池に向かって裸で飛び込む男性の像である。同様の高飛び込みをする男性像は、タルクィニアのモンテロッツィ墓地にある「狩りと漁《すなど》りの墓」の玄室右側壁にもある。この図文は、現世から来世への転送を意味していると理解されるが、タルクィニアとパエストゥムという離れた2地点で共通の画題が認められることは、両者が固有の装飾墓の文化を培って来つつも、共通のギリシャ的な死生観に根差したものもあったことを物語っている。なお、徳島県の大塚国際美術館には、この「ダイバーの墓」の石棺が陶板で再現展示されている。

チュニジア・キプロス

地中海の東西にも装飾墓は点的に分布している。チュニジアにあるフェニキア人の都市として栄えたカルタゴのケルクアンという町の共同墓地の中に、装飾墓が営まれている。これは地下を刳《く》りぬいて蒲鉾型の墓室を作り、カルタゴで母神と崇拝されたタニト神や鳥、植物、街などを赤一色で表した彩色壁画墓である。一方、地中海東方のキプロスにも装飾された墓がある。サラミスの共同墓地にある80号墓には、アーチ形墓室の全面に赤、青、黒で幾何学文が描かれていた。さらに、ヘレニズムの影響下に成立した装飾墓も知られている。その歴史的背景としては、地中海を通じた東西交流によって装飾墓が広がっていったものと考えられる。

戦国時代までの中国

グローバルな視野で捉えるなら、エジプトと並ぶ装飾墓の文化の中心地は、間違いなく中国である。新石器時代後期の龍山文化になって、社会の階層分化が進展し、豊かな副葬品を持ち規模も大型化した墓が共同墓地から飛び出すようになる。東北部で積石塚《つみいしづか》を営んだ紅山文化、長江下流に高塚墳墓を築いた良渚《りょうしょ》文化では、玉器などの副葬品が他と隔絶した特定個人墓をいち早く生み出した。また、山西省の陶寺遺跡では、一部に攪乱を受けていたものの、漆器や土器、動物供犠などが捧げられていた。

このような前史を経て、中国にも王墓が登場する。殷墟《いんきょ》の郊外、西北岡《せいほくこう》や後岡《こうこう》に営まれた殷の王陵である。これらの王墓の特徴を列挙すると、斜坑で墓室に至る地下式の墓で、埋葬施設には木槨《もっかく》が営まれていること、多数の犠牲・殉死者や動物供犠が見られること、青銅器・玉器・骨角器などの大量の器物が副葬されていることが挙げられる。しかし、埋葬施設が装飾されていたとの報告は見当たらない。唯一、河南省の侯家荘《こうかそう》１００１号墓では雷文や渦文、イノシシ牙を象嵌《ぞうがん》した長方形図文を施した破片が検出されている（第51図）。これをもって、木槨や木棺が装飾された痕跡と見るのは性急に過ぎるけれども、将来、殷の大墓が調査される機会があれば、それが装飾墓である可能性も期待したい。

第 51 図　侯家荘 1001 号墓の装飾か？
墓室付近で検出された図文を施した残片（梁思永、高去尋 1962 による）。

　戦国時代初頭に築かれた湖北省曾侯乙墓《そうこういつぼ》では、内外二重となった漆塗りの装飾棺が検出されている。外棺には黒漆を下地に朱や金で渦文、変形した雷文や龍文が、内棺には朱漆を下地に黄色と黒で龍鳳文、神獣文、怪鳥文などが描かれた。特に、これらの装飾で注目されるのは、人身獣面で二連の武器（戈戟《かげき》）をかまえた像である。被葬者の守護者あるいは方相氏《ほうそうし》（黄金の四つ目の仮面をかぶり、武器を手に悪鬼を追い払う役）との説が提唱されている。また、湖南省の戦国時代の楚墓には、被葬者が龍舟や鳳凰に乗って神仙世界へと昇仙する場面を描いた帛画《はくが》が副葬されている。これも中国における装飾墓の起源の一つに数えられており、湖南省長沙馬王堆《まおうたい》1・3号墓から出土したものは崑崙山《こんろんさん》への昇仙の信仰に結実していくものだろう。

秦・漢・南北朝時代の中国

中国におけるファーストエンペラー、秦の始皇帝はその陵墓も破格である。この墓もエジプト第3王朝のジョセル王の階段ピラミッドと同じく埋葬複合体として確立した。四角錐の頂部を切り取った形の墳丘に、周壁で囲まれた陵園、兵馬俑坑や銅車馬坑が付属する。司馬遷の『史記』によれば、墳丘内には銅製の槨室をそなえ水銀の川と海があって、人魚の松明《たいまつ》が不滅の灯《ひ》を点《とも》しており、侵入しようとすれば、機械仕掛けの矢が発射される仕掛けになっていた。秦を滅ぼした、楚の項羽が副葬品を墓室から運び出した折には、その列が途切れることは無かったと伝えられている。もし、埋葬施設が破壊されずに一部でも残っていたならば、不老不死を望んでいた始皇帝が地下世界でも生活できるような、地下宮殿を目撃することができたに違いない。

前漢時代になると、都が置かれた長安の郊外、渭水《いすい》北岸の咸陽原《かんようげん》に9人の皇帝陵がそびえたった。これらは生前に築かれた寿陵で、周壁や廟、寝殿、石人石獣を配列した陵園を構成し、さらにその周囲には貴族や高官の陪塚が計画的に築造されている。また、中原だけでなく、中国南部からベトナム北部にかけて支配した南越国《なんえつこく》、雲南省を根拠地とした滇《てん》国《こく》などにも、地域固有の王墓が築かれる。金縷《きんる》玉衣《ぎょくい》の出土で有名な満城1号漢墓（中山王劉勝《りゅうしょう》墓）では耳《じ》室《しつ》内に木造瓦葺《かわらぶき》建物が建てられた。前漢中期になると、王墓以外の中小型墓でも樹木、鳥や鹿などの瑞獣《ずいじゅう》や墓の守護者をスタンプした空芯磚《くうしんせん》（中空のレンガ）で築かれた墓がある。さらに、表面は白土で下地を整え、翼をもった虎、鳳凰などを彩色で描いた墓もあり、装飾墓が階層の上下を問わず、広く普及したことがうかがえる。

後漢時代になると、王陵の規模は縮小し、祭祀の場が長安の都に置かれた廟から陵前に設置された祀堂《しどう》へと移りかわる。葬送儀礼が陵寝制度として体系化、制度化された時代である。さらに、諸侯にまで墳墓造営の風習は浸透し、いきおい装飾墓も多彩に展開する。その代表格は、画像石墓である。江蘇省徐州から山東省南部にかけて、さらに河南省南陽を中心として盛行し、石材を組み合わせた槨室には、東王父と西王母、疾走する車馬行列、被葬者の供養や四神図などのさまざまな画題が登場する。さらに、彩色壁画墓は甘粛省酒泉、嘉峪関《かよくかん》、内蒙古にまで拡大し、漆喰の下地の上に赤・黒・黄・緑などの顔料を駆使して、日常生活が写実的に描かれている。

南北朝時代には、南朝・北朝の両者で特徴的な装飾墓が知られている。まず、南朝では、磚に型押ししてレリーフを構成し、黒・赤・藍・黄・紫で彩色したものや、壁面全体を使って四神を描いたダイナミックな構図の彩色壁画墓が登場する。これに対して、北朝では石棺や石棺床を絢爛豪華な彫刻と彩色で飾り立てた構造の装飾墓が特徴的である。神仙思想上の仙獣や孝子伝説などを主題とする。東魏・北斉では、穹窿天井に方形プランの墓室をもつ装飾墓が、河北省鄴城《ぎょうじょう》を中心に多数築造される。この装飾墓は定型化したものであり、その共通した様式は「鄴城規制（鄴城ルール）」と呼ばれている。また、西域の人物・動物などが新たに図文として登場するのもこの時期以降である。

隋・唐時代以降の中国

その後、隋代には北朝の壁画墓の伝統を受け継いで、山西省太原に虞弘墓《ぐこうぼ》が築かれる。この装飾墓には、白大理石にラクダに乗って狩猟を行うペルシャ風の衣装をまとった王侯貴族やソグド人による舞踊、夫婦像が彫刻と彩色を併用して表現されている。そして、唐時代になると、ついに中国の装飾墓の集大成となる壁画墓が完成する。その初期には、車馬や儀仗の場面を描くなど前代までの画題を踏襲していた。しかし、次第に宮廷の女官制度に基づいた人物群像や山水図やポロの場面など、雄大な風景を墓室内に描くものや、地下に宮殿を再現したものが登場する。また、墓主の肖像を描いた人物屛風を立てた装飾墓もある。唐代壁画墓の代表的な例が、永泰公主墓や章懐《しょうかい》太子墓（第52・53図）で1000人に達するような人物像群が描かれ、

第52図　永泰公主墓の壁画
唐時代の制度や風俗を再現した地下宮殿。

第53図　章懐太子墓の人物群像
唐の役人と各国からの使節が描かれる。

墓主の生活や当時の風俗、唐の官僚制度が地下に再現されている。

その後、唐時代以降にも王陵、諸侯墓、装飾墓を築造する伝統は受け継がれた。日常生活をリアルな筆致で描いた壁画や壮麗な地下宮殿は、中央・地方に関わりなく連綿と継承されている。

モンゴル・契丹（遼）

遊牧民との接触地帯に築かれた、あるいは遊牧騎馬民族の王朝が受け入れた装飾墓として、モンゴルと契丹《きったん》（遼《りょう》）の装飾墓を取り上げる。モンゴルで初めて発見されたオラーン・ヘレム墓は、中国の壁画墓の影響を色濃く受けており、方形の墓室に4つの天井《てんせい》（地表面から地下の墓道まで垂直に掘削された竪穴）を持つ。四神や多数の女官・侍従が描かれ、唐代壁画墓の影響下に成立したことが明らかである。また、契丹の王陵は地下へと下る長い墓道を持ち、円形、方形、多角形プランの石室および磚室墓（磚を積んで築かれた墓）である。

装飾墓には、出行図、人物肖像画など多彩な画題が描かれている。地下に建築を模した墓室を構築して四神図や風俗図を描く特徴は、高句麗壁画古墳との親和性がうかがえる。

とくに、戦前に調査され、内容がよく知られている内蒙古の慶陵《けいりょう》には、人物山水を描いた墓室壁画がある。また、遼五京の周辺地域にも装飾墓が存在する。当地域には、装飾棺の文化も根付いており、内蒙古のトルキ山古墓群では崖墓の中から赤漆塗りの片流《かたなが》れ（一方だけに傾斜する屋根）の木棺を安置したものが検出された。近年、日本との共同で修理され、九州国立博物館をはじめ国内を巡回する展覧会でも公開されたことで、記憶に新しい。

高句麗・百済・加耶・新羅

朝鮮半島の古代国家にも彩色壁画墓が展開するが、日本列島とは系譜が全く異なっている。むしろ中国の壁画墓が色濃く影響を及ぼしている。高句麗の彩色壁画墓の登場は、北朝鮮の黄海南道に築かれた安岳《あんがく》3号墳である。墓主像および墓主夫人像をはじめ出行図、高句麗人の習俗や日常やレスリングの一種である手搏《しゅはく》図などが描かれる。墓室内には斗束《ますづか》で天井を受けた鬼面柱が造り付けられており、墓を来世の住居に見立てたことが明らかである。ひときわ目立って描かれる墓主図は、天蓋・持節《じせつ》を有し、侍従に傅《かしず》かれた正面観の大作である。壁画の中に、冬寿《とうじゅ》の名の墨書があることから、被葬者を冬寿とする説と高句麗の美川王《びせんおう》とする説がある。また、徳興里古墳にも正面観の墓主像があって墨書された墓誌が伴う。墓主の右手には高句麗十三郡の太守がひかえている。星宿や七夕などのコスモロジーを表した図文や、蓮華文などが描かれている。高句麗で早くに築かれた安岳3号墳や徳興里古墳では、墓主像が最も大きく描かれていたが、時代が下る双楹塚《そうえいづか》古墳や湖南里四神塚になると、墓主夫妻は同じ大きさで並列して描かれるようになる。

平壌遷都以降は、多室墓であった高句麗壁画古墳の構造が単室化し、図文は四神が主体となる。江西大墓、江西中墓、高山里1号墓などがその例である。旧都であった集安にも、引き続き彩色壁画を持った装飾墓が営まれ、五盔墳《ごかいふん》4・5号墳などには農神、日月神や伎楽仙人などが石室内にびっしりと描かれる。

百済の装飾古墳は3基が知られている。古くに発見された宋山里6号墳は、墓室内に四神の磚画《せんが》が描かれているが著しく褪色している。武寧王陵では蓮華文をスタンプした磚を積み上げ、火を灯すための壁龕《へきがん》を持つ。宋山里6号墳からは、「梁官瓦為師矣」と刻まれた銘文磚が出土し、これら磚室墓の築造の背景には梁からの技術移入があったことが裏付けられる。扶餘《ふよ》遷都後の陵山里古墳群に築かれた陵山里1号墳（東下塚）は、石室四壁に四神を表し、天井には飛雲文と俯瞰《ふかん》した蓮華文を描く。

加耶では慶尚北道高霊に装飾古墳が築かれる。高霊古衙洞古墳は長方形玄室を持つ横穴式石室である。漆喰を部分的に施し、真上から見た蓮華文、雲文、唐草文などを赤・緑・茶色で表す点は、百済からの影響を否定できない。ただし、百済に全く同一のものが無いため、高霊の在地の画工自身が百済からの描画技法を習得した可能性もある。さらに、最

第54図　ニューグレンジ墓の装飾
墓室の入口前面に置かれた渦文を刻んだ大型の石材。

第55図　ターブル・デ・マルシャン墓（ロクマリアケール）
装飾のあるドルメンを本来の積石塚に復元している。

近では慶尚南道固城郡の松鶴洞《しょうかくどう》1B号墳の石室天井に赤一色で描かれた三角文が知られるようになった。この古墳は、埋葬施設の型式が九州型横穴式石室と共通し、立地も日本列島に近い。幾何学文を描く点などからみても、九州の描き手の作かもしれない。

新羅では於宿知述干《おしゅくちじゅつかん》墓、栄州順興壁画墳、屯馬里《とんばり》壁画墳の3基が知られている。於宿知述干墓は、切石積横穴式石室の天井に蓮華文、扉石に天人を描く。栄州順興壁画墳では、門衛、飛雲と蓮華文、山岳文などが描かれる。屯馬里壁画墳は、高麗時代の彩色壁画墓で、他の2基とは時代や系譜が異なる。

朝鮮半島の装飾墓は三国時代の各国に分布するが、地理的に近い日本よりも中国の壁画墓からの影響が色濃く現れている。なお、壁画墓・壁画古墳ではないが、韓国蔚山《ウルサン》市盤亀《ばんき》台《だい》遺跡など、刻線により図像を刻んだ岩刻画も広がっていて、極東に広がるロックアートの文化も波及している。

先史ヨーロッパ

先史時代のヨーロッパにおける巨石記念物は、北ヨーロッパ、ブリテン諸島、フランスのブルターニュを中心とした大西洋岸、イベリア半島の4つの核に大きく分布が分かれる。

ドルメン（支石墓）やメンヒル（立石）などの装飾された巨石に加え、石室墓を構築する石材にも施文したものが知られている。アイルランドのボイン渓谷に立地するニューグレンジ墓は、よく知られた先史ヨーロッパの装飾墓の一つで、長い通廊を持つ精巧に構築された墓室入口付近には渦文が陰刻された装飾石材が置かれている（第54図）。フランス・ブルターニュの島に築造されたガブリニ墓は、正方形の墓室を持つ長さ14ｍの通廊型の墳墓で、同心円の弧状装飾を主体として斧・蛇・弓などの具象文が組み込まれている。天井石はメンヒルを再利用したものである。フランスのロクマリアケールのターブル・デ・マルシャン墓は、壁体を構築する石材に先端を曲げた直線文がいくつも表されている（第55図）。これは抽象化された斧の可能性があり、天井石にも柄《え》付斧《つきおの》が表されている。先史ヨーロッパでは、総じて線刻、彫刻による幾何学文装飾が多く、彩色図文はイベリア半島西部に限定されると考えられてきた。たとえば、ポルトガルのアンテラス彩色墓は縦方向のジグザグ文と長方形が、奥壁下半に赤と黒で描かれている。

　近年、写真測量調査の技術が進化し、日本同様、石室全体を記録するデジタル・アーカイブ化が試みられるようになった。その結果、今まで線刻や彫刻しかないと思われていた遺跡から、彩色図文の痕跡が報告されるようになってきた。先述したガブリニ墓でも、最近、新たな彩色図文の発見が報告されている。

ペルシャ湾岸地帯

日本ではあまり知られていないが、ペルシャ湾岸のオマーンやバーレーンには石室を埋葬施設とした世界でも有数の群集墳がある。そのうち、アブダビのウンム・アン・ナール島II号墓は、外壁が牡牛・ラクダ・蛇などのレリーフを施した飾り板で装飾されている。ただし、大半の石室墓は無装飾で、本例は特殊な存在のようである。

第7章　近年、注目される装飾墓の調査

今まで、アジア、ヨーロッパなどのユーラシア大陸に広がる装飾墓・装飾古墳の展開について概観してきた。その中には映像や書籍ですでに紹介され、よく知られた事例が含まれていたかもしれない。そこで本章では、日本ではほとんど知られていない島嶼《とうしょ》世界のインドネシアと新大陸の中央アメリカについて、コロナ・パンデミックの直前に実際に私が実見した成果に基づいて簡単に紹介していきたい。

（1）インドネシアの装飾墓

日本から飛行機で約7時間半、インドネシアの首都・ジャカルタにあるスカルノハッタ国際空港に降り立つと、島国らしいむっとした空気が迎えてくれる。なぜ、インドネシアにやって来たのかと言うと、ジャワ島の西隣のスマトラ島には、築造時期も分布範囲についても、分からないことだらけの装飾墓の文化が存在するという情報を入手したからだ。インドネシアに装飾墓があると言うと、専門家でも怪訝な顔をされることが多い。しかし、装飾古墳・装飾墓は、エジプトや中国などの四大文明だけの産物ではなく、世界最大の島嶼群の中にも忽然と現れるから面白い。

ジャカルタから、国内線で約1時間、南スマトラの中心都市、パレンバンに到着する。

第56図　タンジュン・アロから見たデンポ山
山麓には巨石記念物と装飾墓が点在している。

ここは、謎の海洋国家、シュリヴィジャヤ王国の古都でもある。しかし、現在は大都会の喧騒にかき消されて、残念ながらその雰囲気が感じられる所は少ない。装飾墓は、ここから２００㎞ほど離れたパガル・アラム市が最寄りである。パレンバンから車で約7時間、ＬＣＣを使えば1時間余りの距離である。ここは、富士山にそっくりのコニーデ型火山、デンポ山の北西から南東麓にパセマ高原が広がる風光明媚なところだ（第56図）。赤道直下に近いにもかかわらず標高が高いために朝晩は気温がぐっと下がり、肌寒く感じる。したがって、パレンバンなど南スマトラ各地から避暑に訪れる人も少なくない。現在も水量豊富な河川が幾筋も流れ、水田景観中にはドルメン、メンヒルなどの巨石記念物が点在している。現在、住民は敬虔なイスラームの信仰生活を営み、定時にはアザーンの声が街中に響き渡る。

この地は、先史時代にはドルメン、メンヒル、石室墓、石製臼、盃状穴、石人、石獣、岩刻画などが装飾墓と共に築かれた巨石文化が開花した。考古学的な調査が進んでいないため、すべて同時期の所産かどうかは分からないけれど、インドネシア考古学の成果によれば、パセマ高原に遺された先史時代の造形芸術は、おおむね初期金属器（青銅器）時代に属すると考えられている。これは島ごとに多彩な文化が展開するインドネシアにあってもひときわ異彩を放っている。

研究史

インドネシア各地に巨石文化が広がることは、オランダ統治時代から注目されてきた。しかし、十分な調査がなされなかったため、それらは漠然とヒンドゥー時代の遺物と考えられてきた。しかし、実際の巨石像を見ると、ヒンドゥーのものとは似ても似つかぬものだった。かつて東南アジアの巨石記念物は、グラフトン・エリオット・スミスが提唱したエジプト文化を起源とする超文化伝播論により解釈されていた。巨石を扱う技術はエジプト文明に起源し、東回りと西回りによって新大陸を含む地球全体に伝播するというきわめて気宇壮大な仮説である。その２つのベクトルが交錯するのが東南アジアであり、インドネシアの巨石文化はオーストラリアのアボリジニの文化へと橋渡しする存在と位置付けられた。20世紀初頭、文化史学の超伝播主義を標榜するマンチェスター大学の教授陣が提唱したこの学説は、考古学や比較文明の研究が進展するにしたがって完全に否定された。しかし近年、カリマンタン、スラウェシなどの旧石器時代の彩色壁画で再び脚光を浴びている。それは、グレート・ジャーニーの一環として、芸術創作活動を伴ってホモ・サピエンスが地球全体に広がった証左と見なされるからである。スマトラ島南部でもオガン・コムリン・ウル県でハリマウ洞窟遺跡が発見され、先史時代の彩色壁画の伝統が脈々と装飾古墳にまで受け継がれていることが、想定されるようになった。今まさに、スマトラ島南部は、人類史における先史時代造形芸術の展開を考察する上で注目が集まる地域なのだ。

　パセマ高原における本格的な考古学の調査研究は、１９３１年の植民地時代にオランダの考古学者ヴァン・デル・ホープが先鞭《せんべん》を付けた。彼は現地調査の成果を『南スマトラの巨石記念物』（１９３２年）の中で報告し、これら巨石文化はヒンドゥー以前の先史時代に属し、祖先崇拝を目的として築かれたと考えた。これをきっかけに当地の装飾古墳の調査が進展し、人物や動物などの図文が黒、白、赤、黄、灰色で描かれたことが判明した。その一部は、ジャカルタの国立博物館に収蔵されている。その後、ファン・ヘーケレンがこれらの彩色壁画の中に、ヘーゲルI式に該当するドンソン銅鼓を表した石像があることに気付き、紀元前5〜前3世紀に帰属年代の上限を求めた。ドンソン銅鼓とは、ベトナムのドンソン遺跡を標式遺跡とした東南アジアに広がる初期青銅器文化を特徴づける、青銅製楽器(ドラム)のことである。銅鼓の研究を精力的に行ったオーストリアの民族学者、フランツ・ヘーゲルによって分類され、I式は紀元前5世紀から紀元前後まで継続した型式である。もし、壁画に描かれた銅鼓が、同時代の銅鼓の形態を忠実に写したものならば、装飾古墳の築造年代も紀元前後より新しい時代までは下り得ない。

1945年にインドネシアは独立し、インドネシア国立考古学研究センターが設立されて専門家による考古学調査が国内各所で行われるようになった。1980年代後半、ハリス・スクンダルは、巨石記念物の分布調査を敢行した。その結果、デンポ山麓のパガル・アラム市とその北に広がるラハト地域には、362ヶ所のメガリスを含む45の遺跡があり、ドルメンが30ヶ所、巨石像が28遺跡、その他に石のレリーフなどが広汎に分布することが分かった。また、石造品は、パセマ高原全域に万遍なく広がるのではなく、タンジュン・

アロ、ブルマイ、ティンギ・ハリ、テグル・ワンギなどいくつかの核があることが気付かれた。これらの核の中にも装飾墓は含まれている。つまり、スマトラ島の装飾墓は、日本のように装飾の無い古墳が圧倒的である中に少量築かれるといったあり方ではなく、多彩な巨石文化の中に含まれるといった分布が特徴的である。さらに、当地の巨石文化の全体像が次第に判明してくるにつれ、スマトラ島外からの文化的な影響も推定されるようになった。現在では、パセマ高原の巨石文化の特徴をまとめると、以下の５点に集約される。

①　巨石像の多くは銅鼓、剣、短剣などが表されている。これらは、当地域の人々が所有した生活道具を写したものであり、それらは型式学的に見て、ベトナムのドンソン青銅器文化に由来している。

②　石人像に表された鼻の形、唇の厚さや巻き毛などの特徴は、ネグロイドと共通する。

③　巨石像の中には、インドのヒンドゥー教の文化に影響を受けたと考えられるものがある。

④　彩色壁画の中には、龍頭に似た図文があり、龍だとすれば中国との関係が考えられる。

⑤　巨石文化は、台湾から東南アジアにかけて広がるオーストロネシア語族の拡散と何らかの関連がある。

レンバク古墓群の発見と装飾墓の系譜

１９８７年頃、パガル・アラム市郊外のジャライ郡レンバク村で4基の装飾墓（1・2・3・7号墓）が発見された。パセマ高原では比較的新しい発見だったため、確認された壁画は色鮮やかなものだった。さらに、描かれた人物・動物像は遠近法を踏まえた表現や色の塗分けもされており、当地では原始絵画の描画技法が発達し、成熟していたことが裏付けられた。２００２年には、12基の装飾墓の踏査が実施され、考古学的研究の総括が行われた。天然に産出する顔料を用いて描かれたこの地の装飾壁画は、次のような色合いの顔料が使用されている。

（1）赤、黄、白、黒（レンバク1・2号墓、テグル・ワンギ1・2号墓）
（2）赤、白、黒（レンバク3・7号墓）
（3）赤、黄、白、黒、灰色（タンジュン・アロ1・2号墓）

描かれた図文には人物や動物が多く、次に抽象的な文様や幾何学的な文様が多い。その一方で、植物文はあまり知られていない。

インドネシア国立考古学研究センターのトリ・ウルジャニは、スマトラ島に展開する巨石文化が、南・東アジアやオセアニアと密接な交流の下で成立し展開したことを著書の中で指摘した。さらに、ファン・ヘーケレンが指摘したヘーゲルI式銅鼓の実物、石像やレリーフに表された事例を集成し、オーストロネシア語族の拡散と関連した、南スマトラへの装飾墓文化の定着について言及した。この学説によると、ヘーゲルI式銅鼓は、元来、祖先信仰が強かったパセマ高原の巨石文化の中で、共同体のアイデンティティと記憶とを再確認するための聖なる器物と見なされ彩色壁画として描かれたと想定された。銅鼓の流入ルートは、ドンソン文化圏であるベトナム中部からマレー半島を介してスマトラに入り、内陸のパセマ高原にまで達したとする。これは、オーストロネシア語族の拡散にほぼ重なっている。すなわち、初期金属器時代にベトナムから南スマトラに移住した祖先を顕彰するための象徴的器物として、ヘーゲルI式銅鼓が採用されたものとトリ・ウルジャニは結論付けている。

現地入り

私たちの調査は、インドネシア国立考古学研究センターとの共同事業として実施した。日本とインドネシアの両国間における、複雑怪奇な正式の手続きを経て、３人のインドネシアの考古学者と共にようやく現地入りできた時には、覚書を締結してから1年半が経過していた。パガル・アラム市街地から車で約30分。調査フィールドは、１９８７年頃に装飾墓が発見されたレンバク古墓群である。

　コーヒーおよびドリアンのプランテーションが広がる台地の上には7基の古墓が保護されている。と言っても雨露をしのぐ東屋《あずまや》を古墳の上にかけただけのものであるが。しかし、ジャングルではないため、林相は明るい。その中を歩いていくと、急に大蛇の死骸に遭遇したりして驚かされる。これらの古墓のうち、1〜3号墓、4〜6号墓の各3基を一組として並列し、7号墓だけが単独で築かれている。このうち、彩色壁画があるのは1〜3号墓および7号墓の4基である。これらの装飾墓は、国の史跡として保護されるべき旨の看板が立っている。

　なぜ、これらの装飾墓を対象としたのかは、先述したように彩色壁画の残りが比較的良好だったからである。オランダ植民地時代に発見されたタンジュン・アロ古墓群、あるいはテグル・ワンギ古墓群など、パセマ高原には30基あまりの装飾墓が知られている。しかし、独立前から知られている装飾墓は、すっかり褪色してどんな図像が描かれていたのかが全く見えない。それもそのはず、二季の国インドネシアでは、雨季になると毎日雨が降り続き、簡素な東屋から滴り落ちた雨水は容赦なく墓室内へと流れ込んでいく。このため、石室は完全に水没してしまう。このことを知らずに、最初に現地を訪れた私は、なすべもなく水没した石室を前にすごすごと引き返したこともある。水没と乾燥とが交互に繰り返される過酷な環境の下で、褪色してはいても今なお彩色壁画の図像が判別できることは、奇跡的と言わざるを得ない。

埋葬施設と彩色壁画

レンバク古墓群の埋葬施設について説明しよう。装飾墓があることの地上標識は、墓室天井石の頂部だけである。封土はほとんど無い。日本で言えば、九州北部で見られる支石墓を地下に巨大化させたようなものをイメージすれば良いかもしれない。その天井石の下には、一辺が約２ｍ前後で構成された空間が大型石材を立て並べて構築されている。これが、彩色壁画が描かれた墓室である。使用石材はデンポ山から噴出した安山岩の割石である。墓室の平面形には、正方形とやや長方形気味のものの２者がある。傾向としては前者の方が大型だ。この墓室には、地上から素掘りの穴を降りて入室する構造となっていて、素掘りや石を組んだ階段が設けられている。閉塞は、外から板石を立てかけて行われる。

第57図　レンバク1号墓の神像

現在では壁画の半分以上が、土砂に埋没して見えなくなっている（Bellwood1995による）。

また、奥壁の一部を抉《えぐ》り込んで龕《がん》のようにした部分もあるが、何のための施設かは分からない。次に、それぞれの彩色壁画について紹介したい。

1号墓は、考古学者のベルウッドが記録したように、入口前壁に水牛と男性とが合体した奇怪な像がある。墓室左壁には、鉤爪《かぎづめ》と羽を有した獣面の、ガルーダ神を思わせる像の上半身が描かれる（第57図）。しかし、土砂が流入して半分以上が埋没している。この像は、正面を向いて目を大きく見開き、顔の下半は嘴《くちばし》のようになってとがる。鉤爪は何かを抱くように掌を上に向けて広げ、4本の爪を持つ。輪郭線を描いた後にさまざまな色で塗分けられている。右壁にも人物とおぼしき像が見られるが、全体の構成は判然としない。

2号墓は大型だが、落書きと褪色のために文様が識別できない。どうやら、奥壁は帯状の単位図形を上下左右に複雑に絡み合わせた、日本で言う弧帯文《こたいもん》のような幾何学図形で充塡されている。一つの帯は、細帯の両側に２本ずつの帯を添えており、５条一組で一つの帯を構成する表現となっている。この帯が、上下に重なり合っているためか、たくまずして遠近法を意識した描画表現となっている。

３号墓は、名付けるなら銅鼓の墓である。ヘーゲルⅠ式と思われる銅鼓が墓室内に、２つ認められる。トリ・ウルジャニが説くように、銅鼓をこの地域社会における象徴的器物と見なすなら、それが裏付けられる装飾墓の一つに数えられるだろう。まず、左壁には、顔を左に向け、銅鼓を抱える大きな男性像がある。その両側には、膝を折り、銅鼓に手を添えて向かい合う２名の男性像がある。右壁は、いかなる図像なのか分からない。もう一つのヘーゲルⅠ式銅鼓は、入口の前壁右側に立てた石に登場する。マリオネットのような肢体を持つ左向きの黒い人物が、白いゾウの耳をつかんで跨《またが》っている（口絵図版16）。背中には台形状の白い図形がある。これだけでは、銅鼓だと断定はできないが、同じ姿勢をとる岩刻画や石人像が知られていて、それらとの類似からヘーゲルⅠ式銅鼓と判断される。奥壁は、蕨手文のような渦文と帯が組み合わされた幾何学文が主題である。これは、日本の装飾古墳にも登場する蕨手文を、複雑に組み合わせた形である。図形を縁取る輪郭線内部は、太い黒線と細い白線とで塗分けられている。

第58図　レンバク7号墓の怪魚（マカラ）

左を向いて大きく口を開ける。口の中には鋭い歯が並び、右に湾曲した角が表されている。

7号墓で、はっきりした装飾が遺るのは左壁だけである。しかし、これは、この装飾墓群を代表する色鮮やかな彩色壁画である（第58図）。左側（墓室入口側）を向き、口を大きく開けた怪獣と思われる。歯をむき出し、湾曲した角を持つ。顔料を壁に直接押し付けて描いた力強い筆致が感じられ、寺院の門に飾られる怪魚マカラのような想像上の動物と考えられる。これが、かつて龍頭と見られ中国との関係が指摘された図文なのだろう。

インドネシアの装飾古墳調査は、まだまだ始まったばかりである。今回の私たちの調査では、写真測量とレーザー測量とをインドネシアの研究者と共同で実施した。令和4年（2022）現在、画像解析はまだ進行中であるが、今まで他地域には見られなかった未知の図文の発見が期待される。また、色空間の主成分分析に基づいて鮮明化するなど斬新な画像解析を適用し、褪色してはっきりとは分からない図文の探索がたゆみなく続けられている。今回のインドネシアとの共同調査は、装飾古墳・装飾墓が、エジプトや中国のような大文明でだけ見られるものではなく、インドネシアのようなかけ離れた地域にも登場することを教えてくれた。前章で触れた地域で例示するならば、チュニジアやキプロスなどのように地中海交通を背景に、文明の中心地エジプトとは独立して登場した装飾墓と比較できるものだろう。明確に中国の装飾墓の影響を受けていない点では、九州の装飾古墳もインドネシアと同様に位置づけられるかもしれない。

インドネシアについては、ひとまずここで筆を擱《お》く。次は、今まで装飾墓が日本では知られていなかった新大陸に目を転じたい。目指すは、中央アメリカのメキシコやグァテマラ、中米である。

(2) 中央アメリカの装飾墓

メキシコシティは日本から直通の航空便がある最も遠い都市である。成田からの13時間弱のフライトの後、常春のようなファレス国際空港に降り立つ。メキシコシティには、世界的に知られた国立人類学博物館がある。大まかに言えば、1階が考古学、2階が民族学の展示にあてられ、メキシコを構成する多彩な先住民文化の輝きを通観することができる。今回の目的地は、その展示室の一角を占めるサポテカ文化の中心、オアハカ盆地である。

　メキシコシティから国内線で飛ぶこと1時間、約４００㎞離れたオアハカ市へと到着する。ここは、先住民の伝統文化を今に伝える大きな祭り、ゲラゲッツァで有名だ。市内を歩けば、コロニアル様式の色鮮やかな建物が建ち並ぶ、世界遺産の街でもある。当地は、サポテカ、ミシュテカという、メキシコ中央高原やユカタン半島のマヤとも違った独自の古代文化が栄えた地である。その中心都市が、天空の古代都市、世界遺産モンテ・アルバンだ。実は、中央アメリカの装飾墓については、メキシコでは古くからたいへん関心が高い。国内ではディエゴ・リベラやダビッド・アルファロ・シケイロスなどが創作に身を投じた、メキシコ壁画運動の興隆もあって、メキシコ国立自治大学（ＵＮＡＭ）からは集成を兼ねた大部な古代壁画の研究論集が刊行されている。にもかかわらず、日本ではほとんど知られていないのが不思議なくらいだ。中央アメリカの装飾墓には、彩色壁画とレリーフがある。そこで、まずは、いったんオアハカを離れて、マヤ低地の装飾墓から始まる新大陸の装飾墓について説きおこしたい。オアハカには、また戻ってくることにしよう。

マヤの装飾墓

１９５２年、メキシコの考古学者、アルベルト・ルスは、ジャングルの中に営まれたマヤの都市、パレンケの碑銘の神殿ピラミッドで、マヤ文明では初めてとなる王墓を発見した。パレンケとは古典期マヤを代表する遺跡の一つで、17代の王が統治した古代都市である。とくに、６５０年頃に在位したパカル大王（キニチ・ハナーブ・パカルI世）は中興の祖とされている。彼が発見した王墓とは、まさにこのパカル大王のものだった。この発見は、今までピラミッドが建造物としてしか知られていなかったマヤにおいて、墓としても使われたことを実証した非常に大きな成果であった。この王墓には、巨大な石棺の蓋に胎児の姿勢で再生する王の姿がレリーフで表現されている。また、石棺側面や墓室にも祖先の王たちやマヤの神々の姿が彫刻されている。しかし、隣接する13号神殿に埋葬された「赤の女王」墓は、被葬者がパカル王妃に比定されてはいるものの、石棺や遺骸に水銀朱（辰砂）が撒かれたのみで装飾的な要素に乏しい。また、カラクムルでも王墓が確認されているが、パカル王墓のようなものではない。王墓に相応しい荘重なレリーフ装飾は、マヤの装飾墓の特徴というよりも、限られた人物のみに許された特殊なものだったのかもしれない。

しかし、マヤの装飾墓を俯瞰すると彫刻やレリーフよりも彩色表現の方が多い。その先駆けとなるものが、パレンケと並ぶ古代都市のひとつ、グァテマラのティカルで見つかっている。ここは、低地マヤ南部における王権の誕生を示す重要な都市である。１世紀末に王朝が誕生し10世紀半ばに衰退した。特に西暦６８２年に即位したハサウ・チャン・カウィールI世が建設した1号神殿では、神殿地下に王が埋葬された。１９６１年、アメリカ・ペンシルバニア大学の考古学人類学博物館は、北アクロポリスの古典期前期の寺院とされる５Ｄ−33建物の地下から装飾墓（48号墓）を発見した。その構造は、岩盤を刳りぬいた墓室に漆喰で下地を調整して象形文字が記されており、その記述から４５７年３月18日に墓の入口が閉塞されたことが分かった。室内には2人の若者が両側に葬られ、中央には高位と見られる人物の遺骸があった。このティカルと類似した装飾墓は、ティカルの衛星都市であるリオ・アスールでも発見されている。リオ・アスールは、ティカルの北東にあるジャングルに埋もれた古代都市で、１９８３年から１９８７年にかけて、Ｒ・Ｅ・Ｗ・アダムスが率いる調査隊によって古典期前期のマヤ都市としての姿が明らかにされた。

リオ・アスールは、西暦３８５年にティカルの前線基地として建設が始まった。その後、７００基以上の建物が建てられたが、５３０年頃に他のマヤ都市と同様、突然、廃絶する。

第59図　モンテ・アルバン104号墓復元模型
メキシコ国立人類学博物館のオアハカ・エリアに展示された装飾墓の復元模型。

この都市からは、複数の装飾墓が発見された。C－1建物内にある1号墓は漆喰で下地を調整し、赤色顔料で象形文字が全面に記されていた。また、A－3建物の中に営まれた12号墓には、「6つの空」と呼ばれた被葬者について西暦450年に行われた葬送儀礼に言及した銘文がある。

　地下を掘った洞室墓に漆喰で下地を調整し、そこにびっしりと銘文を残すマヤの装飾墓は、世界的に見ても類例が少ない。あえて言えば、エジプトの古王国・第5王朝から始まる玄室内のピラミッド・テキストと比較することができようか。しかし、他地域からの影響を無理に見込むよりも、これらはティカルおよび衛星都市で共有されたマヤの装飾墓の様式の一つとみる方が自然な理解だろう。

オアハカの装飾墓

ところが、中央アメリカで最も装飾墓が集中するのは、ユカタン半島のマヤではなくメキシコ南部のオアハカなのである。先述したモンテ・アルバンは、紀元前５００年頃に建造が始まり紀元後８００年頃に衰退した、まさにオアハカの中枢と言ってよい古代都市である。古代のオアハカに居住したサポテカ族の中心都市として建設され、後にミシュテカ族が占有した。ここからは、装飾墓として７・10・72・１０３・１０４・１０５・１１２・１２５・１６０の９基が確認されている。その中でも、１０４号墓はモンテ・アルバンを代表する装飾墓で、復元模型がメキシコシティの国立人類学博物館で展示公開されている（第59図）。それは長方形玄室で、両側壁および奥壁に1ヶ所ずつ、および奥壁と側壁が接する各コーナーに1ヶ所ずつ、計5ヶ所の龕が設えられたものである。壁画は薄い赤を下地とし、濃い赤、青、黄、白などの顔料が使用される。画題は、奥壁中央の龕の上面に正面観の顔を配し、両側壁はそれに向かって盛装した側面観の人物像を入口側に2体、このほか鳥や獣頭などを側面観で表している。被葬者は、頭を奥壁側に向けた伸展葬で葬られ、飾り立てた人物を象った香炉、土器類などが足元側すなわち入口付近に副葬されていた。また、１０５号墓の彩色壁画もきわめて精密である。奥壁には対面する２名の人物像、両側壁には奥壁側を向いた４名の盛装した人物像が側面観で表されている。これらのほか、１１２号・１２５号墓も生硬なタッチで人物や動物を描いているが、１６０号墓は対照的に幾何学文装飾が主体となる。このように、モンテ・アルバンでは、彩色壁画を持つ装飾墓が多彩な展開を見せている。

　モンテ・アルバンと並んで、注目されるのがスチルキトゥンゴ（セロ・デ・ラ・カンパーナ）５号墓である。この装飾墓は、オアハカはもちろん中米でも白眉の装飾墓で、建築構造・装飾ともまさに地下宮殿と呼ぶにふさわしい。埋葬施設は前・後室からなる複室構造の石室で、前室には両耳室が付属する。墓室の入口上部は、過剰な装飾を特徴とするサポテカの人物像が漆喰で飾られていた。前室から各室に向かう入口は、人物レリーフを表した赤彩された装飾柱が取り巻いている。興味深いのは、レリーフ装飾が見られるのは柱部分のみで、玄室および耳室内の各壁面は漆喰で下地を調整した後に、地色を薄い赤とし、上下２段にわたって人物像を彩色で描く点である。使用された顔料は、濃い赤、白、黄、青で、これは他のオアハカの装飾墓と共通する。また玄室は、奥壁に1ヶ所の龕を持ち、その前にレリーフで絵文字を刻んだ碑石を立てている。

モンテ・アルバンやスチルキトゥンゴ以外にも、オアハカ盆地では10遺跡から装飾墓が報告されている。その中には、ミトラなどミシュテカ時代に下るものもある。装飾墓は、オアハカ盆地に根付いた地域伝統の一つと考えることができるだろう。

中央アメリカの装飾墓の伝統

すでに見てきたように、中央アメリカでは、マヤとオアハカといった系譜の異なる2つの装飾墓の伝統が定着していた。まず、マヤのティカルとリオ・アスールで確認された装飾墓の特徴を列挙すると次の通りである。

① 建物やピラミッドの地下または内部に営まれる。

② 岩盤を刳《く》りぬいて漆喰で下地を調整した洞室墓《どうしつぼ》である。その上に象形文字が記されている。

③ 画題は象形文字を中心とした被葬者や王の事績を彩色で記すものが中心である。人物・動物などの具象的な文様は少ない。その中には、埋葬儀礼等に絡んで、暦年代

を表したものがある。

④ 荘重なレリーフ装飾が、パレンケのパカル王墓で見られるが、王妃墓は簡素なものである。華麗なレリーフ装飾は、王などの特定個人にのみ許されたものであった可能性が高い。

一方、オアハカの装飾墓を見ると、全く異なった特徴が挙げられる。

① 建物やピラミッドの地下に営まれるものと、地下に単独で築かれるものとがある。中央アメリカでは、建物下に墓を営むことが多いため、後者の場合も上部の建物が破壊された可能性もある。

② 石を積んで墓室を構成し、表面を漆喰で下地調整してカンバスとする。岩盤を刳りぬいた洞室墓もあるが少数である。

③ 画題は絵文字によるテキスト、幾何学文、人物、動植物文などがある。特異な例としては、彩色階段を持った住居に見立てた装飾墓もある。

④ 使用された彩色顔料は、薄い赤、濃い赤、青、白、黄、緑を数える。薄い赤を地色とし、それ以外で主文を表したものが多い。

⑤ 装飾技法にはレリーフと彩色があり、併用したものもある。

以上を踏まえて、中央アメリカでの装飾墓が登場する歴史的背景について論究しよう。

まず、マヤは、時期的に見ると5世紀中葉〜7世紀中葉に絞られる。文化期で言うと、古典期前期後半から後期初頭に該当する。ちょうど、ティカル王朝が勢力を拡大し、メキシコ中央高原のテオティワカンからの影響を強く受けた時期である。またパレンケでも、トニナなどマヤの都市国家間抗争から劣勢を挽回し、パカル大王が中興の祖として王朝が拡大していく時期に当たっている。つまり、ティカル、パレンケ共に、装飾墓の築造が中核となる都市間の中心−周辺的な政治・経済構造の確立と連動している。要するに、装飾墓の築造は、王権の伸長と軌を一にしたと考えられる。

これに対して、オアハカの装飾墓は王権の拡張に連動するのではなく、地域文化に根差したものとみて良いだろう。まず、最初に装飾墓が登場するのがモンテ・アルバンである。彩色のみを主体とし周辺地域に波及したが、時期が下るにつれてレリーフや彫刻などの立体装飾が加味されて多様な型式へ変容するといった変遷をたどることができる。モンテ・アルバンにサポテカ族の居住が始まったのが3世紀前半〜4世紀後半、装飾墓が盛行するのが8世紀〜10世紀とされている。だが、この年代観は研究者によってかなりのバラツキがある。しかしながら、確実なのは、モンテ・アルバンへの居住が始まってからかなり時を経て装飾墓が登場したことである。一部の装飾墓はミシュテカ占拠以降に下る。

それでは、モンテ・アルバンにおける装飾墓の登場に、影響を与えた地域はどこだろうか？　第1の候補は、この古代都市に先行して存在し、互いに影響を及ぼしあっていたメキシコ中央高原のテオティワカンである。テオティワカンは、西暦3～5世紀に最盛期を迎え、「死者の大通り」を軸として「太陽のピラミッド」、「月のピラミッド」、「羽毛のある蛇の神殿」などの壮大なモニュメントが屹立している（第60図）。ただし、テオティワカンにはモニュメントはあっても、明確に王墓と認められる埋葬施設は見つかっていない。また、王の事績を記録した碑文なども無いため、王権の存在が証明できない。しかし、これほどの都市計画を王権無しに達成し得たとは考え難いし、インダス文明のような王墓無き文明も知られている。また、「羽毛のある蛇の神殿」の地下で近年発見されたトンネル遺構こそが王墓であるとする見解も提唱されている。だが、本書と関連して、この古代都市で注目すべきは、彩色壁画である。たとえば、「緑のトラロック」と呼ばれてきた気象を掌《つかさど》る女性神は、両手を広げた正面観で描かれている。また、翼を広げたフクロウを正面から見上げた構図の彩色壁画も、世界的に類例が少ない。これらの一方で、人物や動物の側面観を表した彩色壁画は枚挙に暇がない。正面観と側面観が共存する特徴は、オアハカ

第60図　古代都市テオティワカン

「月のピラミッド」から「死者の大通り」を望む。左手には「太陽のピラミッド」が見える。

の彩色壁画とも共通する。ところが、テオティワカンとオアハカには大きな違いがある。それは、使われた顔料である。テオティワカンでは赤・黄・緑・白が主体であるが、モンテ・アルバンでよく使われる青が少ない。青が目立つ壁画は、ボナンパクやカラクムルなどの壁画にみるように、メキシコ中央高原側にはなくユカタン半島側のマヤの彩色壁画の特徴である。つまり、テオティワカンとマヤという壁画の伝統に取り囲まれていたオアハカでは、描画技法や色使いなどの刺激を受けながら、モンテ・アルバンを中心に固有の装飾墓の文化を生み出した。それはサポテカからミシュテカへと居住者が変遷しても、その伝統が失われずに持続したと見られよう。近年の発掘調査で、テオティワカンでもマヤの絵画伝統を踏襲した彩色壁画片が出土している。描き手の交流も想定されるが、複雑な歴史背景の中でオアハカの装飾墓は誕生し、各地域に波及したのだろう。

装飾墓を他地域と比較する視点

オアハカの装飾墓の登場の経緯と類似した事例は、中国の彩色壁画墓の影響を受けた高句麗壁画古墳、エジプトやギリシャの絵画の主題や表現技法を受けて成立したエトルリア壁画墓など、固有の装飾墓文化の展開が認められる地域と比肩できそうだ。高句麗やエトルリアは、中国やエジプトから何らかの影響を受けたのかもしれないが、故地の装飾墓をそのままなぞるのではなく、独自の装飾墓の伝統を生み出している。同じことが、マヤとオアハカの関係にも言えるのではなかろうか。以上の中央アメリカの装飾墓の概観から、この地にはエジプトや中国と並ぶ、もう一つの装飾墓の伝統が根付いていることがわかる。残念ながら、中央アメリカの装飾墓は、パレンケのパカル王墓以外、日本ではあまり知られていない。しかしながら、装飾墓を人類史として評価する上で無視できない地域であることは疑いない。

本章で論及したインドネシアと中央アメリカの装飾墓の文化伝統から、装飾墓の登場について2つの道を見出すことができる。一つ目はインドネシアで、オーストロネシア語族の拡散など、それまでには無かった外部刺激を受けて登場した事例である。その外部刺激は、必ずしも装飾墓が盛行していた地域からの直接的な影響に限らない。インドネシアは、島ごとに独自の巨石文化が展開するけれども、装飾墓の文化が定着するのはスマトラ島のしかもパセマ高原だけに限定されているからだ。おそらく、共同体の内部で受け継がれてきた記憶やアイデンティティを再確認する場として、装飾墓がその舞台になったと考えられる。もう一つは、中央アメリカである。その影響関係には、ティカルとリオ・アスールのように中心－周辺関係で成立・拡散する地域と、オアハカのように先行して装飾墓の伝統がある地域からの影響を受けて成立した地域が含まれる。これは、エジプトや中国と同様に、装飾墓の拡散と定着が文化伝播の類型として理解されるため、比較史的かつ人類史的なとらえ方が可能なことを示している。

ただし、その比較検討作業に入る前に、装飾墓に先行し、人類最古の芸術作品としてひときわ脚光を浴びているもう一つの先史壁画、旧石器時代に描かれた洞窟壁画との関係についても整理しておきたい。

第8章　装飾古墳は洞窟壁画と関係があるのか？

第61図　ラスコー洞窟に近接して開設された国際洞窟壁画芸術センター
3次元計測で復元した実物大の洞窟模型と最新技術を駆使した展示が目玉。

１９４０年、フランス・モンティニャックに住んでいる４名の少年たちと1匹の犬が、後に人類の芸術史を塗り替える見事な洞窟壁画を発見した。世界遺産に登録（１９７９年）されているラスコー洞窟である。現在、洞窟自体は保存のため閉鎖されたが、近接して国際洞窟壁画芸術センターが開設されている（第61図）。しかし、ラスコーは初めて発見された洞窟壁画ではなかった。その半世紀以上前に、スペインのアルタミラ洞窟では、洞窟の持ち主マルセリーノ・デ・サウトゥオラの娘が、描かれた牛を発見していたからだ。しかし、この発見に対して当時の考古学界は徹底的に反駁《はんばく》し、貴重な報告は無視されて、サウトゥオラが失意のうちに亡くなったことは良く知られている。

それでは、装飾墓と洞窟壁画とは表現技法や画題について、何が類似し、何が異なっているのだろうか？

両者の比較を通じて、詳細に検討すると、画題や描き方の違いと同時に、ヒト（ホモ・サピエンス）が最古の芸術、絵画作品に対してどのように向き合っていたのかという根源的な問いに肉薄できるように思われる。本章では、洞窟壁画と装飾古墳・装飾墓の壁画との比較を通して、先史時代芸術の問題について論じてみたい。

装飾古墳と洞窟壁画はどのように描かれたのか

まず、日常ではない暗闇の中で絵を描くといった点では、装飾古墳も洞窟壁画も共通する。そこで、まず装飾古墳の図文は、古墳築造のどの時点で描かれたのかから考察を始めよう。天井石をかけると、古墳の石室内は入口から差し込む光を除けば完全な闇となる。当然ながら、その中で図文を描くことはできず、光源が必要である。ラスコー洞窟では、最奥部の「井戸の間」から動物脂を燃やすための石製ランプが見つかっている。古墳時代にはランプが無かったから、おそらく装飾古墳の場合は木に火を灯した松明を人工光源としたのだろう。

それでは、真っ暗な中で松明の光だけを頼りに福岡県桂川王塚古墳や熊本県井寺古墳のような複雑かつ繊細な文様を描くことが、はたしてできるのだろうか？　これは、実際に石室を組み上げて実験すればはっきりするだろうが、それをするにはコストがかかりすぎる。そこで、実際の装飾古墳を３Ｄ計測してバーチャルリアリティ（ＶＲ）を構成し、太陽光と松明光で図文の見え方を比較したシミュレーション研究が実践されている。対象となったのは、赤・青（灰色）・黄・緑・白・黒の、装飾古墳で最多の６色が使われた、福岡県桂川王塚古墳である。３次元でシミュレーションした結果、精巧に塗分けられた壁画の場合、松明が発する赤っぽい光の下では、黒と緑の識別が困難となることが確かめられた。精巧に塗分けることができないのなら、太陽光の下で描くしか方法は無い。つまり、研究の成果を踏まえると、この装飾壁画は天井石をかける前でないと不可能ということになる。

　この実験結果は、装飾古墳の図文は天井石がかけられて室内が完全な闇となる前に、さらに言えば、太陽光が燦々《さんさん》と降り注ぐようなたいへん明るい環境の下でないと、精巧な図文は描くことができないことを示している。また、第４章で述べたように、装飾古墳が会葬者に見せるために設計されていたならば、石室が組みあがる直前に空間デザイナーの最終チェックが行われたのかもしれない。繰り返しになるが、この点からしても石人石馬の文化が否定されたために地下に潜った敗者のレジスタンス芸術という捉え方が成立しないことが分かる。

極端な言い方が許されるならば、おそらく夏に博多の町辻《まちつじ》を飾り立てる「博多祇園山笠」の「飾り山」のように、装飾古墳の築造は、埋葬儀礼の前から非日常的な祭礼を予感させるような、競い合って築かれるものであったように私には思われる。もちろん、すべての装飾古墳がそうだとは言えない。たとえば、横穴系装飾古墳の場合は天井石など無いから、掘り上げた後に入口から体を突っ込んで描いたに違いない。特に、福島県泉崎横穴のような狭小な墓室の場合は難渋したらしく、側壁や天井の彩色壁画でも玄門に近い部分はかなり雑な表現になっている。また、茨城県虎塚古墳のように白土で下地処理がされている場合も、図文の描画は石室構築後の可能性がある。大型石材どうしの隙間に充填された石の上にも白土が塗られ、その上から連続してモチーフが描かれているからだ。

その一方で洞窟壁画の場合は、当然のことながら太陽光を取り入れることはできない。ひたすら真っ暗な洞窟を進んだ空間で、ランプや松明のようなわずかな光源だけを頼りにして描くほかはない。また、私たちが現在、見ている洞窟壁画がすべて同時期に描かれたものとも言えないだろう。短期的な被葬者の埋葬儀礼のために、精密な設計の下に全体の構図が決められた装飾古墳と、長期的な共同体の儀礼のために個別の図柄の描写に力が注がれた洞窟壁画とは、絵が描かれた環境や目的、背景が全く異なっていると言っても過言ではない。

クロマニョン人（旧石器時代）の観察眼

次に取り上げたいのは、装飾古墳と洞窟壁画にみる動物描写の違いである。まず、洞窟壁画の場合、最も数が多い図像はウマやウシ、バイソンなどの動物である。例えば、ラスコー洞窟の場合は2万年前に描かれているが、現代人も及ばないほど大変優れた写実的な動物の絵が描かれている。それは、この絵の描き手の鋭い観察眼の賜物であるが、どのような部分にこだわったのかが分かる事例を次に示しておきたい。

ウシとウマの違いはさまざまにあるが、意外と気づかれていないのが蹄《ひづめ》の形である。ウシは偶蹄《ぐうてい》類で蹄の先端は2つに分かれており、これはイノシシも同様だ。ところが、ウマの場合は奇蹄《きてい》類であり、足跡も偶蹄類とは異なっている。実は、旧石器時代に動物を描いた描き手が、きちんとこの描き分けを意識していたことに驚かされる。それは、狩猟採集に明け暮れたクロマニョン人にとって、動物を精確に描写することは、狩りの知識を受け継ぐ上で必要不可欠なことであったからに他ならない。動物絵画に矢印などの記号が伴うことがあるが、それは獲物の急所を示したものかもしれない。あるいは、壁画が描かれた空間に若者が集められ、長老から狩猟の極意や共同体へ加入する際の先祖代々受け継がれてきた教えが諭されたのかもしれない。もし、そうだとすれば、動物描写は精確になされなければならないことは言うまでもない。偶蹄類と奇蹄類の違いは、現代の私たちが考える以上にクロマニョン人にとっては、看過できない違いだったのではなかろうか。

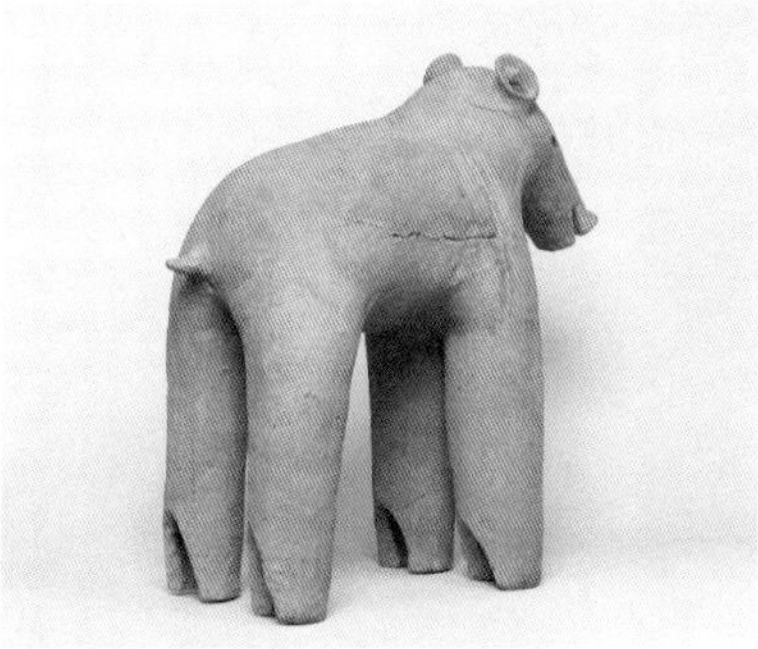

第 62 図　猪形埴輪（重要文化財）
群馬県上武士《かみたけし》天神山古墳出土。踵の部分を抉り、馬形埴輪と同じ作り方をしている（出典：ColBase）。

古墳時代人の動物観察眼

これに対して、装飾古墳が築かれた古墳時代は農耕社会である。古墳時代になると、動物との関係性はどうしても希薄になりがちだ。馬は権威の象徴でイノシシは農作物を荒らす害獣、あるいは王権を発揚するための狩猟儀礼の対象と化す。いずれにしても、忠実に動物を描写しなければならない切実性はクロマニョン人に比べれば、古墳時代人は格段に低い。そうであれば、動物の観察眼も当然甘くなる。その証左として、装飾古墳とほぼ同時期に作られた動物埴輪で確認してみよう。

古墳時代の埴輪にイノシシを象ったものがある。なぜイノシシが埴輪に写されたのかと言えば、イヌの埴輪と組み合わせて、王による狩猟儀礼を古墳で再現するために使われたからである。ところで、イノシシはウシと同様、蹄の先が2つに割れた偶蹄類である。しかし、古墳時代の猪形埴輪で偶蹄類の蹄を表現したものはほとんどない。それどころか、ウマと同じく踵《かかと》に当たる部分を抉った、奇蹄類の表現になっている（第62図）。つまり、埴輪の工人たちは、ウマとイノシシの脚部を区別していないのである。これは、土で写したため、絵画のように繊細な表現ができなかったとする説明は正しくない。なぜならば、縄文時代にイノシシを象った土製品があるけれど、それは忠実に偶蹄類の表現をとっているからだ。

これは、縄文時代に比べると、古墳時代の人たちにとってイノシシが身近な存在ではなかったことを示していると私には思われる。縄文時代の人々は、狩猟や採集を生業にしていた。狩猟の出来・不出来が社会成員の生存に直結するといった意味において、クロマニヨン人たちと共通した条件にあった。鋭い観察眼を必然的に持たねばならなかった縄文人たちにとって、奇蹄類と偶蹄類とを混同することはあり得なかったはずだ。古墳時代人もイノシシは知っていただろうが、メジャーフードはすでに農作物に移り変わっていたから、イノシシの表現にそこまでの写実性を求めなかった。したがって、イノシシよりも身近な動物であったウマに範を求めて、イノシシを奇蹄類として表現したのではなかろうか。

鋭い観察眼は自然界の動物との距離感の賜物である。それが失われれば、容易に写実的な造形表現も失われることを、このイノシシの埴輪の事例は示している。

洞窟壁画の特徴

動物に対する観察眼の鋭さと写実性以外にも、洞窟壁画にはいくつかの特徴がある。たとえば、最古の洞窟壁画として話題となったフランスのショーヴェ洞窟では、黒一色の濃淡で立体感を表現する、東洋の水墨画のような技法がとられていた。水墨画は中国に発し東アジアで発展したものだから、単一色の濃淡で動物群像の重なりを表現するといった3万年前の表現技法が、どのような経緯で誕生したのかという問題は非常に興味深く思われる。あるいは、動物を重ねて描くことで前後を表現する一種の遠近法もこの洞窟壁画には用いられている。極力図文の重なりを避け、奥行きの無い平板な表現が主流であった装飾古墳と比べると、描写技術の面でやはり洞窟壁画は一線を画している。発見当時に、それらが旧石器時代の人間が描いたものとは考えられなかったのも仕方あるまい。

ところで興味深いことに、現代人も及ばないほどの写実性を追求した動物表現に対し、人物についてはきわめて抽象化された表現が多いことも洞窟壁画の特徴である。たとえば、ラスコー洞窟では、人間を表したと考えられるものは唯一つであり、しかもそれは動物群像が表された大空間から離れた、井戸状の地形の底に、頭部がトリの形をした「トリ人間」がバイソンに突き倒されたような姿で描かれていた。

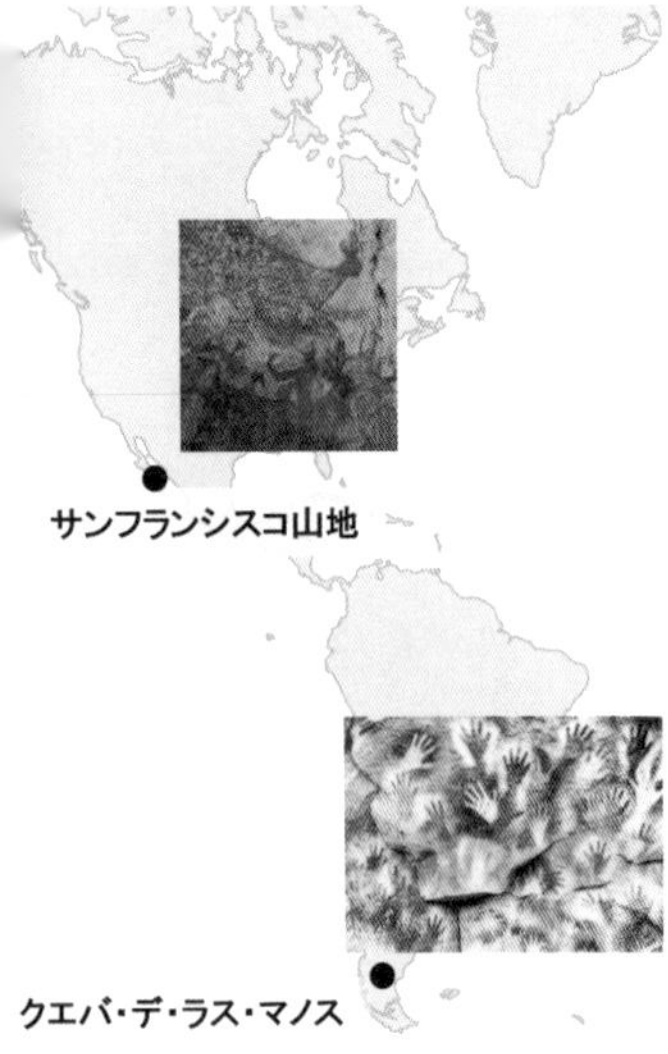

これは、観察眼や表現力の問題ではなく、人間を写実的に表現してはならないという何らかの禁忌が、当時あったとみた方がよいのかもしれない。このように、今から2万〜3万年以上前にクロマニョン人が描いた洞窟壁画にも、

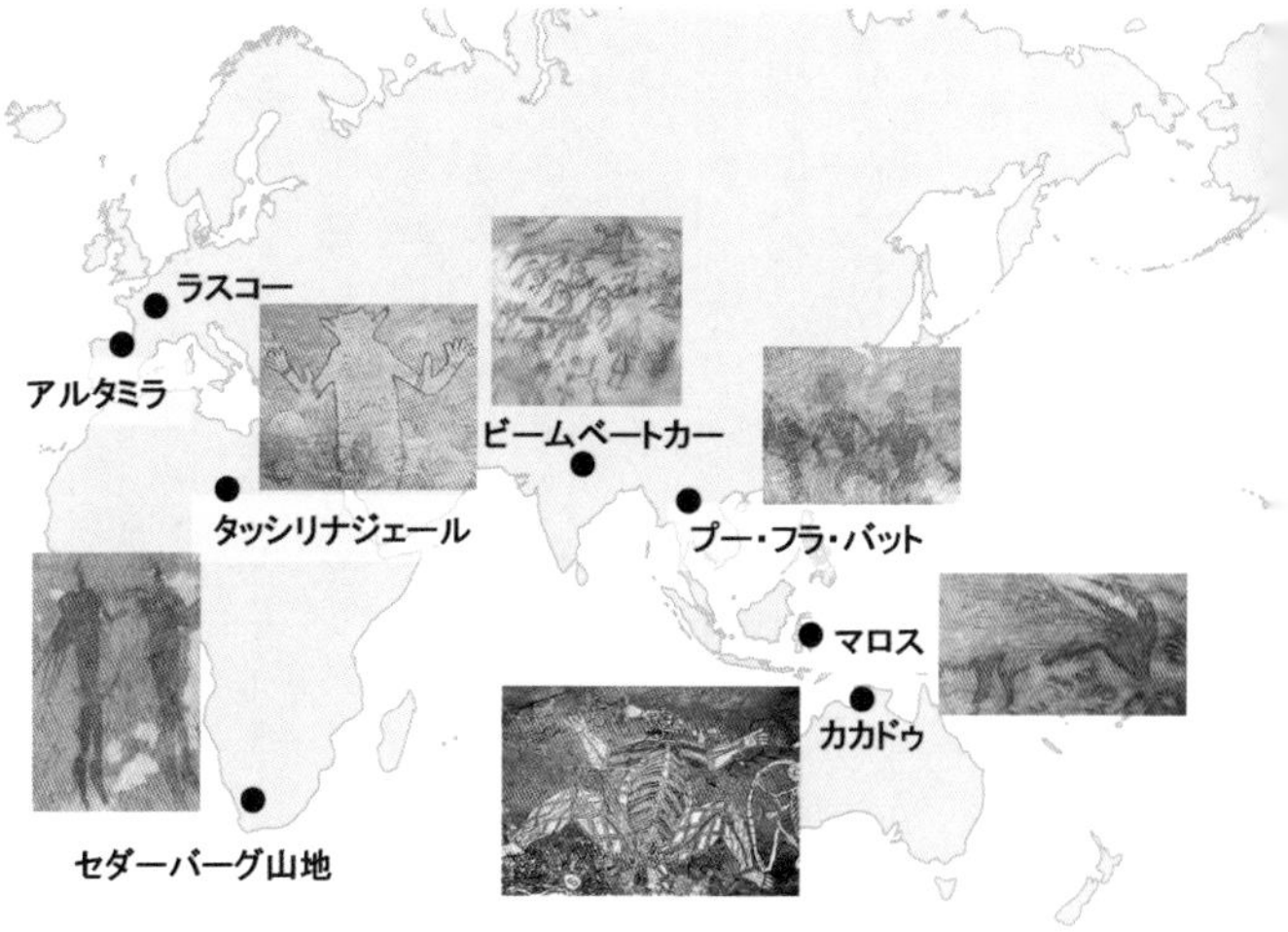

スペイン：アルタミラ
フランス：ラスコー
インド：ビームベートカー
タイ：プー・フラ・バット
インドネシア：マロス
オーストラリア：カカドゥ
メキシコ：サンフランシスコ山地
アルゼンチン：クエバ・デ・ラス・マノス
アルジェリア：タッシリナジェール
南アフリカ：セダーバーグ山地

第 63 図　洞窟壁画の広がり
ユーラシア・アフリカ・南北アメリカなど広範囲にわたり、ホモ・サピエンスと共に洞窟壁画が広がっていることが分かる。

古墳時代人や現代人とは異なった、絵を描く上での明確なルールがあるようだ。

しかし一方で、洞窟壁画には地域を超えて共通した記号があることにも気づかされる。例えば手形である。これには、手に顔料を塗って壁に押し付けたものと、手を壁に押し付けて、顔料を上から塗ったもの、口に顔料を含んで吹き付けたものの3種がある。円文や三角文のような幾何学図形ならいざ知らず、壁面に手を押し付けるといった動作を共有するためには、動作の連鎖の背景に何らかの観念上の共通性があったように思われる。ヨーロッパでは3万７０００年前のスペインのエル・カスティーヨ洞窟ですでに見られるが、タイ東北部のプー・フラ・バット洞窟、インドネシア・スラウェシのマロス洞窟にも出現している。最南端は、アルゼンチンのクエバ・デ・ラス・マノスにある「左手の洞窟」である。ホモ・サピエンスが新大陸へ到着するためには、当時、陸化していたベーリング海を経由しなければならない。ヨーロッパのエル・カスティーヨとクエバ・デ・ラス・マノスの年代差には約３万年が見込まれている。これは、人の移動によって特定の図像モチーフが伝えられたという以上に、手形を洞窟の特定場所に押し付ける所作がその観念と共に時代を超えて脈々と受け継がれ、その共時的な集積を私たちは全地球的な広がり（第63図）として見ているように解釈される。

つまり、洞窟壁画の広がりは、アフリカを発したグレート・ジャーニーを追うような形で分布しており、まさに芸術的な精神を兼ね備えたホモ・サピエンスによる絵画表現の拡散を跡付けるかのようである。

写実的な動物と様式的な人物

さらに別の視角から、この問題に光を当ててみよう。先述したように、クロマニョン人の洞窟壁画のうち動物群像の場合は、解剖学的な正確さに裏付けられた観察眼と精緻な色使いが特徴であった。まさに旧石器時代芸術の到達点を示すと言っても過言ではない。しかし、その写実性とは裏腹に、ほぼ同時に盛行するビーナス像は胸や骨盤などの女性的な特徴が過剰に強調されている。これらは一種の様式的な造形美と言えないこともないが、一方が写生、もう一方が抽象という正反対の芸術的精神が一個人の中に同居するといった美意識の隔たりには驚かされる。黎明期のホモ・サピエンスの美意識には、なぜこのような不整合が埋め込まれていたのだろうか。

このように人間を正しく写さず、過度に様式化した表現に従っているのは旧石器時代の芸術に限られるものではなく、初期新石器時代の集落であるチャタル・ホユックや、紀元前４千年紀のメソポタミアのウル、インダス文明のハラッパなどでも出土しており、エーゲ文明のキクラデスの岩偶やクノッソスから出土した地母神像もその系譜上にあるようだ。この束縛からようやく解放されるのは、ギリシャ・ローマの古典美術の成立時である。もっとも、ギリシャにあっても幾何学様式期には過剰に様式化された人物表現を克服できなかった。人物を写実的に写すことへの忌避観のようなものが、オリエント・ヨーロッパ地域を中心として脈々と受け継がれてきたのは事実だろう。

一方、それに比べると東アジアでは人間描写にまつわる禁忌はあまり看取されないようだ。よく知られた秦始皇帝陵に付属する兵馬俑坑では、兵士一人一人を写したと指摘されるほど厳密な写実主義が貫徹している。しかし、すでにそれ以前に、新石器時代の紅山文化では、遼寧省牛河梁《ぎゅうかりょう》遺跡女神廟で写実的な土製仮面が出土している。これらに対して、中国をはじめとする東アジアではクロマニョン人が遺したようなビーナス像は未発達である。ヨーロッパやオリエントを中心とする地域では、旧石器時代にはビーナス像が発達する代わりに、様式的な表現の軛《くびき》から解放されることが無かった。これに対してビーナス像が未発達の東アジアでは、写実的に人間を描写することへの制約は見られなかった。

この対照的な2地域とは別に、両者が交差する地域がある。つまり、ビーナス像や仮面が知られてはいないが、様式的ではない人物表現が認められる地域である。その第1は極東で、アムール川流域に広がる岩刻画（ロシア・シカチアリャン岩画群）、北海道の手《て》宮《みや》洞窟やフゴッペ洞窟のように、極東のロックアートの文化的な影響は日本列島の北部にまで波及している。第2は、東南アジアからオセアニアにかけてである。新石器～青銅器時代には、ベンガラで描かれた岩画がプー・フラ・バット洞窟やパーテムなどの祭祀場に遺されている。インドネシアのレンバクの装飾墓の彩色壁画を見ても、人物描写に窮屈さは感じられない。同様の人物は、メラネシアのフェレス洞窟にも登場している。さらに、この流れはパプア・ニューギニアを経由して、オーストラリアの北部地域にまで到達している。アーネムランドやキンバリーに遺された彩色壁画は、現代まで継承されるアボリジニ美術へと脈々と続いている。

ホモ・ピクトール（絵描き人）の遺伝子

このような人物と動物表現の非対称性について、洞窟壁画や装飾墓を含めた先史絵画と彫刻や塑像表現を対象として分析したところ、①人物の正面観は抽象化された立体造形に限られ、絵画表現は原則として多視点画で顔は側面観で描かれる地域、②正面観の絵画表現が見られると共に、立体造形では人物正面観が仮面などに表される地域、③正面観の絵画表現が見られるが、立体造形は伴わない地域の３者に分けられる。時期や地域によって、多少図式的になるきらいはあるけれど、これは平面造形と立体造形というホモ・サピエンスが創出した２種類の芸術活動を表現の場やモノとの関連から捉えなおそうとする試みである。このような不均等性は、ホモ・サピエンスの芸術活動によって偶発的に発生するのではなく、儀礼など観念的な表現行為を伴って時間・地域を超えて受け継がれる遺伝子（ホモ・ピクトールの遺伝子）のようなものが実存する証左と言えるのではなかろうか。

このように考えると、洞窟壁画と装飾墓とを別個のものとして捉えるのではなく、先史壁画として長期持続したものとみる視点から捉えるべきだと思われる。以上、見てきたように、洞窟壁画はホモ・サピエンスによるグレート・ジャーニーと関連した全地球的に広がる普遍性が特徴だと指摘したけれども、彫刻表現も加味して考えると、いくつかの表現技法の差異も同時に見出すことができそうだ。

最近では６万４０００年以上前とされる、いわゆるネアンデルタール人の壁画も発見されており、今後、クロマニョン人に先行する洞窟壁画が続々と発見される可能性も、否定はできないだろう。しかし、ホモ・サピエンスの壁画の特徴は、長期間の試行錯誤を経てそなわったのではなく、かつて「芸術的精神の爆発」と喩えられたように、完成した写実的な絵画として登場する点にある。しかもそれは、人類の地球規模の拡散と共に広がったことも確認される。まさしくこれは、ホモ・サピエンスに生来そなわった抽象能力の高さを示しているのかもしれない。動産芸術と呼ばれている骨角への彫刻や石偶など、現代人にまで脈々と受け継がれている芸術活動の飛躍的な発達は、ホモ・サピエンス登場以降の創造性によるところが少なくないだろう。

　ヒトが何らかの芸術的衝動にもとづいてさまざまな表現手法を採る場合、彩色壁画と彫刻・線刻には大きな違いが横たわっている。たとえば、彫刻で疾走する動物を表すことは至難の業だが、肉感的な表現は彫刻に勝るものは無い。要するに、ここで私が注視したいのは、表現対象が素材によって左右される制約である。さらに、彩色壁画の場合はその上にカンバスという問題が加味される。壁画が描かれる最適な場所が選ばれたとしても、絵描き人（ホモ・ピクトール）にとっては天然の生成物という、如何《いかん》ともしがたい物理的な制約から逃れることはできない。カンバスの物理的な形状に左右されつつ、描き手は対象を認知し、最終的な表現へと至る過程で必然的に取捨選択しなければならない。これが、線刻や彫刻と比べて彩色壁画ほど、ますます抽象化の作用を働かせねばならないゆえんである。認知対象から絵画へと抽象化する過程の中で、何をそのまま写し、何を捨象するかといった表現能力の差があらわになる。そのことが、結果的には絵画表現の地域差を生み出すことになる。

墓室構造			装飾棺	装飾					
竪穴	岩窟墓	横穴		正面観忌避	側面観忌避	両面観共存	物語的画題	装飾的画題	階層表現有
●				●			●		
●								●	
●								●	
		●	●					●	
		●		●			●		●
		●		●			●		●
●(墓道付)								●	
●			●			●	●		
		●			●		●		●
		●	●		●		●		●
		●			●		●		●
		●			●		●		●
	●			●			●		●
	●			●			●		●
●			●						
		●						●	
		●	●			●	●		
		●		●					
		●		●					
		●							
		●	●						
●				●			●		
		●						●	
			●			●	●	●	●
	●					●(少数)		●	
			●	●			●	●	
			●			●	●	●	
		●		●			●		
		●						●	
		●				●?		●	
		●						●	
		●						●	
		●				●	●		
		●		●			●		
		●			●				●
		●	●						
		●			●		●		●
		●			●		●		●
		●			●		●		●
		●						●	
		●						●	
		●				●	●		
		●			●		●	●	
		●							
		●							
		●						●	
		●		●			●		●
		●		●			●		●
		●						●	
		●						●	
		●				●	●		●
		●						●	
		●						●	
		●						●	
		●				●	●		●
		●				●	●		●
		●				●	●		
		●				●	●	●	
		●						●?	

地域	代表遺跡	型式	地上構造物				
			土塚	石造	レンガ造	住居	神殿
エジプト	ヒエラコンポリス100号墓	土壙墓					
	サッカラ3505号墓	宮殿外壁					●
	ジョセル階段ピラミッド	階段ピラミッド		●			
	ウナス王ピラミッド	真正ピラミッド		●			
	ツタンカーメン墓	岩窟祭殿墓					
	ラムセスⅣ世墓	岩窟祭殿墓					
中国	侯家荘1001号墓	亜字形墓				?	
	曾侯乙墓	竪穴木槨墓					
	北斉東安王婁叡墓	磚室墓	●				
	西安北周安伽墓	磚室墓	●				
	永泰公主墓	磚室墓	●				
	懿徳太子墓	磚室墓	●				
メソポタミアーペルシャ	ナクシェルスタム	岩窟祭殿墓					
	ターケブスタン	岩窟祭殿墓					
エーゲ ーギリシャ ーヘレニズム	アイヤ・トリアーダ	円形墓					
	オルコメノス	トロス		●			
	フィリップⅡ世墓	古墳	●				
エトルリアーローマ	タルクィニア・ヒョウの墓	地下式墓					
	タルクィニア・カロンの墓	地下式墓					
	チェルベテリ・レリーフ墓	古墳	●				
	ローマ・アウグストゥス帝廟	廟		●			●
（ルカニア）	パエストゥム・ダイバーの墓	地下式墓					
トルコ （パレスティナも含む）	ラーレテペ・トゥムルス	古墳	●				
	リュキア型石棺	装飾棺					
	ミュラ	岩窟墓					
	ネムルト・ダー	墳丘墓	●				●
	クラゾメナイ型陶棺	装飾棺					
	シドン型石棺	装飾棺					
地中海	チュニジア・ケルクアン	地下式墓					
	キプロス・サラミス80号墓	地下式墓					
	カルミ村	地下式墓					
	タマッソス	地下式墓					
	王族の墓	地下式神殿墓					
ブルガリア（トラキア） ースキタイ	シュベシュタリ装飾墓	古墳	●				
	カザンラク装飾墓	古墳	●				
中央ユーラシア	遼（契丹）・慶陵	古墳	●				
	遼・トルキ山古墓群	装飾棺					
	モンゴル・オラーン・ヘレム墓	古墳	●				
極東	高句麗・安岳3号墳	古墳	●				
	高句麗・徳興里古墳	古墳	●				
	百済・宋山里6号墳	古墳	●				
	百済・陵山里1号墳	古墳	●				
	九州・竹原古墳	古墳	●				
	飛鳥・高松塚古墳	古墳	●				
先史ヨーロッパ	ニューグレンジ	古墳	●				
	ターブル・デ・マルシャン	古墳	●				
	アンテラス	古墳	●				
ヌビア	タヌトアモン王墓	ピラミッド		●			
	カルハタ王妃墓	ピラミッド		●			
北ー中央アフリカ	メドラセン	構築墓		●			
	ティムガッド	構築墓		●			
中央アメリカ	パレンケ	神殿墓					●
	ティカル48号墓	神殿墓					●
	リオ・アスール1号墓	建物墓				●	
	リオ・アスール12号墓	建物墓				●	
	モンテ・アルバン104号墓	建物墓				●	
	セロ・デ・ラ・カンパーナ	建物墓				●	
東南アジア ーオセアニア	パセマ・レンバク1号墓	地下式墓					
	パセマ・レンバク3号墓	地下式墓					
	パセマ・レンバク7号墓	地下式墓					

第64図　主要な装飾古墳・装飾墓の特徴一覧

世界に広がる装飾古墳・装飾墓の構成要素を整理したもの。さまざまな特徴が分かる。

装飾古墳の展開〜収斂する装飾古墳〜

洞窟壁画とは対照的な、装飾古墳・装飾墓の分布からは何が読み取れるだろうか？　人類史的な観点に立って、装飾古墳・装飾墓の構成要素を第64図に整理した。地球的な視野で共通の記号が見られる洞窟壁画とは異なり、装飾墓ではエジプト、中国、中央アメリカといった彩色壁画が発達した核となる地域を抽出できることがまず見て取れる。その地域性をより深く掘り下げるために、もっとも顕著に表れている人物表現における描画規則（ルール）について、地域ごとに分類、整理を行ってみよう。

まず、よく知られているように、エジプトの人物表現をとり上げる。ここでは、顔がかならず横顔（側面観）で描かれ、上半身は正面観、下半身は側面観である。このエジプトの人物表現は、強い規制を保ったままヨーロッパへと受け継がれる。残念ながら、ギリシャには壁画のような大型絵画作品は無いけれど、ギリシャ人が植民したイタリア半島南部のルカニアやエトルリア壁画などの描画技法を見ると、エジプトからギリシャまでは人物描画に対するルールがほぼ貫徹していたと考えて良いだろう。この制約から解放されるのは、ローマ時代を迎えて以降である。

西暦79年10月24日に噴火した、ベスビオ火山からの高さ５ｍに達する火砕流は、山麓部のポンペイ、エルコラーノなどの古代ローマ都市を壊滅させた。しかし、その反面、ローマ時代屈指の彩色壁画を今に伝えることになった。秘儀荘で今も見られる「ポンペイレッド」は、顔料が高熱の火砕流による変化を受けたとは言え、当時の彩色絵画の技術の高さをいかんなく示してくれる（第65図）。描かれたものは動植物や幾何学文、日常生活などの画題に加え、ギリシャ神話に登場する神々であるが、人物表現について見ると、60㎞ほどしか離れていないパエストゥムのダイバーの墓とは大きな隔たりがある。イタリア半島に根差したギリシャ絵画の伝統と、ポンペイの壁画を繋ぐミッシングリンクとして、パエストゥムに遺されたルカニアの装飾墓はますます注目されなければならないだろう。

その一方で、中国では、墓主である王と臣の従属関係が極端な大小で描き分けられる特徴がある。しかも、墓主の顔は正面観が多く、顔の側面観が描かれる場合でも、エジプトのように完全ではなく、斜めから見られ、鼻の向こう側に目や顔の輪郭が加えられている。むしろ、完全な側面観を意識的に避けたとみる方が正しい。日本の壁画古墳である奈良県高松塚古墳もこの技法を踏襲していて、有名な飛鳥美人群像がこの描き方である。一方で、中央アメリカでは、顔の側面観と正面観とが共存しており、強いしばりは無さそうである。

第65図　秘儀荘（ポンペイ）の彩色壁画
ポンペイレッドが色鮮やかなディオニュソスの秘儀を描いた彩色壁画。

奥壁には神の正面観、側壁には人物の側面観というように、宗教的なコスモロジーと、壁画が描かれる場所によって、正面観か側面観かが選択されているようにも見える。

装飾古墳・装飾墓の人物表現を整理する

以上の人物描写のルールをまとめると、エジプトは正面観忌避、中国は側面観忌避、中央アメリカでは正面・側面観共存というように分けることはできないだろうか。このような描写規則が通底しているか否かで、装飾古墳・装飾墓および装飾棺に表された人物像について、その展開した地域ごとに整理すると、次のようになる。

正面観忌避：エジプト、エーゲの陶棺、ギリシャ、マケドニア、クラゾメナイ型陶棺、エトルリ

ア、トラキア、ヌビア

側面観忌避：中国、遼（契丹）、モンゴル、高句麗、新羅、日本（壁画古墳）

正面・側面観共存：オアハカ、日本（装飾古墳）、マヤ、インドネシア（パセマ）

なお人物描写がない、あるいはあるけれども彫刻表現が主体で彩色壁画ではないものが、ペルシャ、リディア、リュキア、シドン型石棺、キプロス、チュニジア、百済、先史ヨーロッパ、マヤなどである。

次の分析の視点は、物語的画題か装飾的画題かの差異についてである。物語的画題とは、人物、動植物、器材などが複合したメッセージ性の高い画題である。装飾的画題とはそれらがなく、幾何学文様主体の図柄やテキストのみのものを含んでいる。彩色壁画以外も含めると次のように整理される。

物語的画題：エジプト、エーゲの陶棺、ギリシャ、マケドニア、クラゾメナイ型陶棺、エトルリア、トラキア、ヌビア、中国、遼（契丹）、モンゴル、高句麗、新羅、オアハカ、チュニジア、日本（装飾古墳）、インドネシア（パセマ）、ペルシャ

装飾的画題：リディア、リュキア、シドン型石棺、キプロス、百済、先史ヨーロッパ、マヤ

両者の差は、墓を被葬者の家として建築に見立て、内部装飾として図柄を描いたものか、被葬者の一代記や事績を壁画で表したものかといった違いに由来する。しかし、完全には分けられない。たとえば、エトルリアの装飾墓は、アルカイック（古拙）期から切妻形の奥壁中央に棟柱を描き、クラシック（古典）期以降も象徴的な表現として残っていく。しかし、同時に夫婦のシンポジオンも主要画題として共存する。高句麗でも柱を墓室内に立てた装飾墓があるが、同時に墓主やその事績を描いているものもある。また、装飾棺についても、エジプトの初期王朝〜古王国期には、サッカラに築かれたマスタバ同様の宮殿外壁形の外観をとるものがある。このように、一概に物語的画題か装飾的画題かに二分することはできないけれども、死生観をうかがい知る一つの手掛かりにはなり得るだろう。

次に着目したいのは、人物描写における階層差に準じた大小の描き分けである。最も顕著なのは高句麗で、安岳3号墳では、墓主および夫人がひときわ大きく描かれ、傅く従者・侍女は隙間に窮屈そうに配置されている。これと対照的なのがエトルリアで、シンポジオンを行っている両名が墓主夫妻であろうが、それ以外の人物像もほぼ匹敵する大きさで描かれる。日本の装飾古墳も描き分けが見られない例の一つで、福岡県五郎山古墳の奥壁絵画などを見ても、どれが墓主なのか判別がつかない。このルールに基づいて、装飾墓が展開する地域を整理すれば、次の通りとなる。

描き分け有り：エジプト、ペルシャ、中国、遼、モンゴル、高句麗、オアハカ

描き分け無し：エーゲ彩色陶棺、クラゾメナイ型陶棺、シドン型石棺、エトルリア、トラキア、マケドニア、チュニジア、日本（装飾古墳・壁画古墳）、インドネシア（パセマ）

以上の、人物表現に関連した描写規則、画題、階層差の描き分けなどの3要素を踏まえながら、人類史の中で展開した装飾墓の伝統についても整理しよう。まず、この3要素が共有されつつ墓室の構造も類似するものと、3要素が部分的にしか共有されず墓室の構造も異なるものとを分離したい。埋葬儀礼に直結する墓の形や構造は因習的な側面を持つことが多い。埋葬施設の構造が変化すれば、当然儀礼の内容も変わり、ひいては死生観も少なからず変容するはずだ。墓室装飾といった最も保守性が強く表れるものの中で、墓室の構造が異なっても共通した表現描写のルールが踏襲されるなら、何らかの外部刺激に基づいて、固有の文化が独自に変容を来すような現象、すなわち「刺激伝播」を想定せざるを得ない。装飾墓の場合にも、文明の中心と周辺という関係（中心−周辺関係）の力で広がっていったものと、刺激伝播によって拡散していったものという2つの文化伝播のメカニズムを想定しても良さそうである。そこで、

3要素が類似し墓室構造も共通する（中心―周辺関係）／3要素が限定的にしか保持されず、墓室構造も異なる（刺激伝播）

という整理によって、第6・7章で概観してきた各地域の装飾墓を見ていくと、以下の4つの伝統に整理することができる（第66図）。

①エジプト―ヌビア／ギリシャ、エーゲの陶棺、マケドニア、クラゾメナイ型陶棺、エトルリア、トラキア、リディア、リュキア、シドン型石棺、ペルシャ

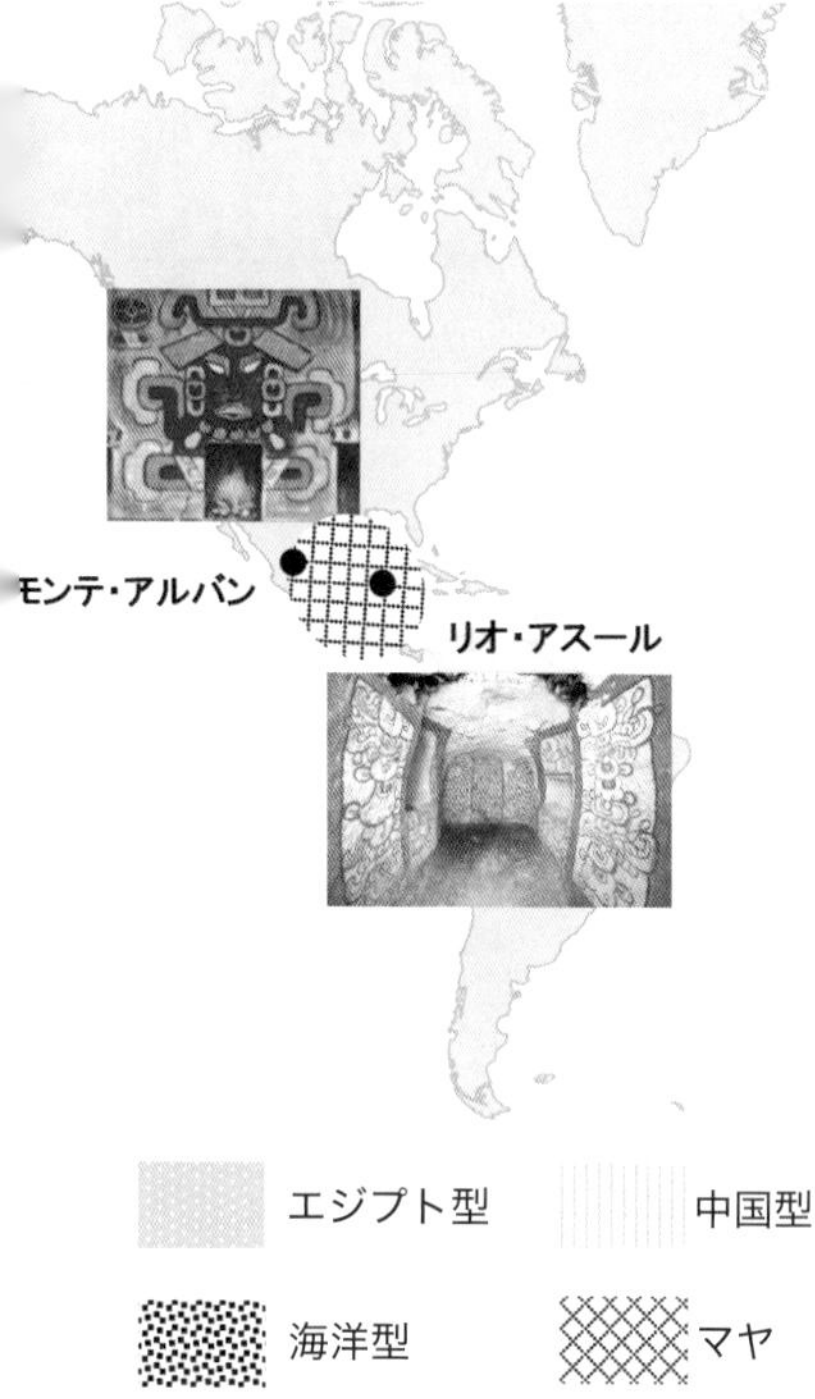

②中国―遼（契丹）、モンゴル／高句麗、新羅、百済、日本（壁画古墳）

③マヤ（ティカル―リオ・アスール）／オアハカ

まず、以上の3つの伝統は、エジプト、中国、マヤを伝播の中心として、刺激伝播が及んだ地域を

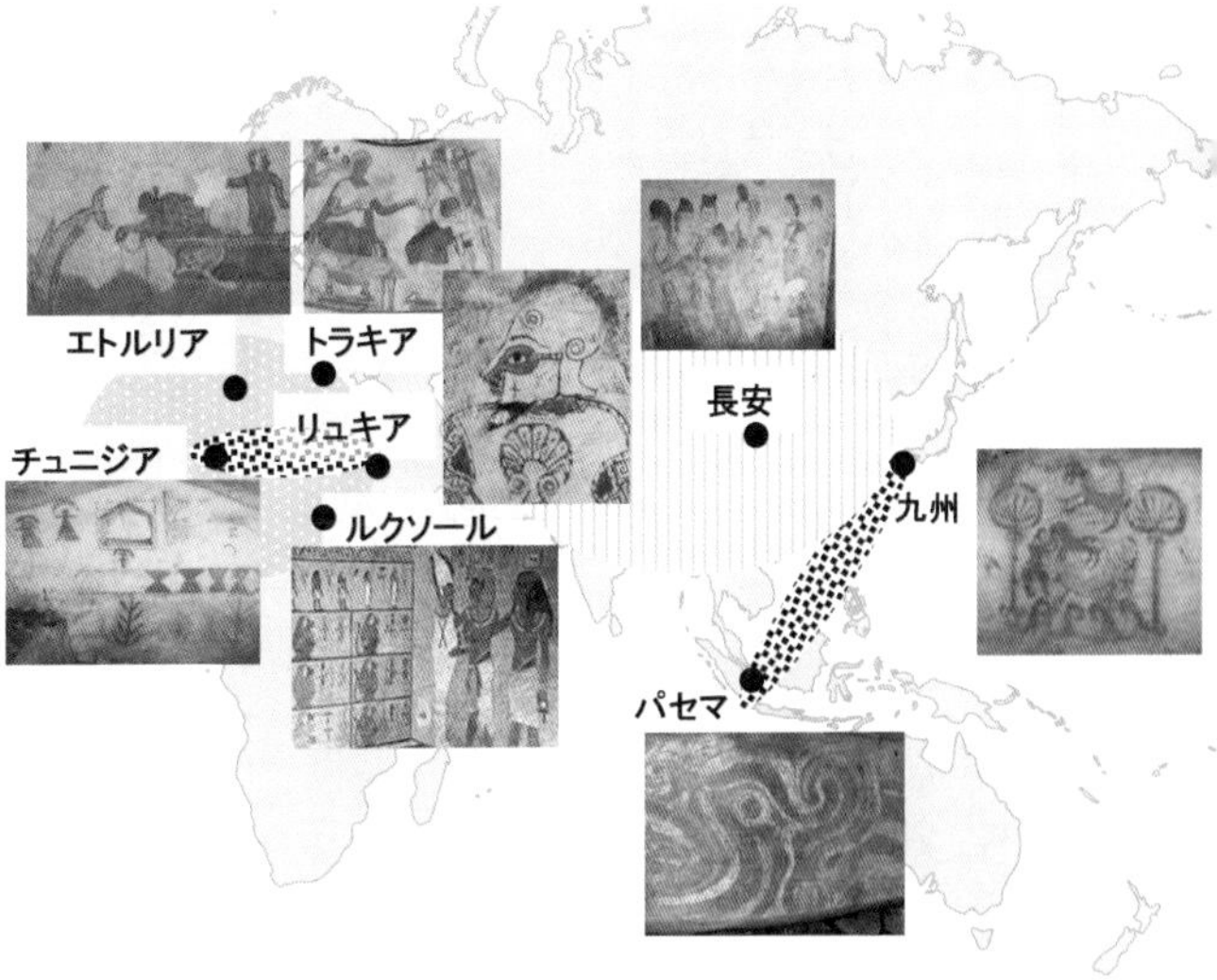

エトルリア：狩りと漁りの墓
トラキア：カザンラク装飾墓
九州：竹原古墳
パセマ：レンバク７号墓
長安：永泰公主墓
エジプト：ツタンカーメン墓
チュニジア：ケルクアン墓
トルコ：キジルベル墓
オアハカ：モンテ・アルバン 104 号墓
マヤ：リオ・アスール彩色墓

第 66 図　装飾古墳・装飾墓の４類型
アフリカ南部、南アメリカには装飾墓が見られない。洞窟壁画（第 63 図）に比べて分布が限られていることが分かる。

包摂した装飾墓の文化の構造を図式化したものである。しかし、装飾墓の中には、文化伝播の中心が認められず、外来から装飾墓以外の何らかの観念的な刺激があって成立した装飾墓もある。たとえば、第7章で概観したインドネシア・パセマ高原の例が該当し、地中海岸に点在するチュニジアやキプロスも、突然、単独で独自の装飾古墳が登場した地域である。日本の装飾古墳もその一例と見なせるかもしれない。いずれも、島または海岸沿いなので、海上交通を媒介にした伝播のようなメカニズムが想定できるだろう。これらも、装飾墓の伝統の一つと見なすことができる。すなわち次の地域である。

④日本（装飾古墳）、インドネシア（パセマ）、チュニジア、キプロス

以上のように、彩色壁画に注目した伝統の4類型を、それぞれエジプト型、中国型、マヤ型、海洋型と呼び分けたい。すでに述べたように、エジプト型、中国型、マヤ型については、中心－周辺関係による拡散および刺激伝播による広がりのため、それぞれ第1世代－第2世代／第3世代と整理することができる。この一方で、海洋型にはこのような世代関係が認められない。その地域に装飾墓が登場する経緯は、特定地域からの波及ではない刺激伝播と考えられる。

なお、スキタイ、アルタイ、アンデスなどには王墓と目される特定個人墓の発達が確認されるけれど、装飾墓は確認されていない。ただしアンデスでは、モチェ遺跡の「月のワカ」（ワカ・デ・ラ・ルナ）などに神殿の装飾壁画はあるから、将来、独自の彩色壁画をそなえた装飾墓が発見される可能性はゼロではない。以上の整理は、彩色壁画および装飾棺に着目したものである。なお、この検討から漏れ落ちた装飾棺および新石器時代に属する

先史ヨーロッパの装飾墓について最後に付言したい。

装飾棺の展開

装飾棺のうち、クラゾメナイ型、シドン型、リュキア型（第67図）など特徴的な陶棺・石棺については、第6章ですでに言及した。一般的に装飾棺とされるものは、建物の形象、幾何学文装飾、被葬者個人の事績（墓主肖像を含む）の表現、他界観や神話伝説などをテーマとしたものなどに大別される。とくに装飾棺が独自の発達をとげた地中海東部こそが最も盛行する地域である。他方、中国でも装飾棺の独自の伝統が認められる。北魏以降、唐代にかけては浮き彫りを施した高い石棺床を墓室内に設えるものがある。その中には、ソグド人を表した東西交流に関連した主題も見られる。中央アメリカでは、パカル大王の石棺が王権神話に関連したレリーフで飾られていた。先述したエジプト、中国、マヤの3地域では彩色壁画墓と同時に装飾棺の伝統も定着しているようだ。これに対し、海洋型では装飾棺はあまり発達していない。装飾古墳の石障も遺骸の収納施設だから、一種の装飾棺と見なせないこともないけれど、棺は動産だと定義するなら外れてしまう。「墓を飾る」という観念が装飾墓と装飾棺を生み出し、両者は密接に関連した展開を見せることは事実

第67図　リュキアの石棺
共同墓地に石棺の姿をそのまま見せる、リュキア型石棺のモニュメント。

だが、装飾墓があるからと言って装飾棺も必ず伴うといった訳ではなさそうである。

彩色壁画が主体ではない装飾墓

彩色壁画を持つ装飾墓は先述した4つの伝統にまとめられるが、線刻やレリーフなどの彩色壁画以外の装飾墓には、他地域からの影響無しに成立したものもある。たとえば、アブダビのウンム・アン・ナール島II号墓もその一つである。この地域の古墳群は、ペルシャ湾を経由する交易に従事した海洋民が遺したと見られ、メソポタミアは装飾墓があまり発達していないから、在地固有の古墳文化の中で自生したと評価するのが正しいだろう。ただし、量的に見ても湾岸地帯の装飾墓は、特殊である。

特に、装飾墓が顕著な地域伝統として無視できないのは、新石器時代のヨーロッパである。第6章で言及したように、この地域の石室墓には4つの分布の核が指摘できるが、海沿いだけでなく内陸にまで及んでいる。先述したアイルランドのボイン渓谷では、ニューグレンジ墓のような最大級の墳丘墓や、ロッホクルー古墳群のような小型石室墓にも装飾が施されている。つまり、装飾墓の伝統は階層差とは関わりなく根付いているようだ。また、彩色された文様も、従来はイベリア半島の大西洋岸に集中するとされていたが、写真測量技術の発達によってフランス・ブルターニュからも検出された。施文の画像解析が進んだり、日本の装飾古墳のような石室そのもののデジタル・アーカイブがますます蓄積されれば、彩色壁画の分布が飛躍的に広がる可能性も否定できない。そうなれば、新石器時代に彩色壁画がどのような経緯でこの地に登場したのかが問われようし、もしかしたらクロマニョン人が遺した洞窟壁画との関連性についてさえも再考察せねばならないだろう。洞窟壁画が全地球的な広がりを見せるのに対し、装飾墓は核となる地域を中心とした直接伝播、刺激伝播の関係によって収斂するようにも見える。先に指摘したように装飾墓の場合は、洞窟とは異なって埋葬施設という機能が限定された「場」に、絵画を描くという抽象化作用の高い芸術的な精神を発動せねばならない。この働きも、装飾古墳や装飾墓の広汎な波及を抑制した一つの要因だったのではなかろうか。

飾られる墓を生み出した死生観とは？

その意味で、墓を飾るというホモ・サピエンス特有の行為は、洞窟壁画と比較すればかなり特殊である。しかも、それは死生観に裏打ちされている。本章のまとめとして装飾古墳・装飾墓が築造された死生観を整理するなら次のようになるだろう。

埋葬施設と被葬者の関係は、次の3種類にまとめられる。

第1は、埋葬施設の中で死者が生活し、その中に密封され外に出られないとする観念である。これは、埋葬施設を死者の家と捉え、地下で現世同様に生活する垂直的な他界観も含まれる。これを（墓に）「住まう死者」と仮に呼んでおこう。

第2は、埋葬施設は漂浪する死者の魂を迎えるための場所であり、魂の入れ物である遺骸と共に美しく飾られねばならないとする観念である。九州の横穴式石室を支えた「飾られた死者」がまさにそれである。埋葬施設とは、死者が定期的に戻ってくる場所であり、海上他界観を含む水平他界観と密接に関連する。これは、民俗学の成果とも触れ合っている。柳田國男は、神は決まった場所に常住・常在する存在ではなく、先祖が御霊《みたま》となって子孫の世界に来訪し、恵みや制裁をもたらすと考えた。折口信夫《おりくちしのぶ》は、はるか彼方にある常《とこ》世《よ》からやってくる「まれびと」が、人智が及ばない富や不老不死、死や災いをもたらす存在とみた。いずれも、人の生死を左右する力を有した神は、定期的に他界からやって来て、生者の世界をリセットする。いわば「来訪神」と共通した観念で、それを「見られる死者」と呼びたい。

第3は、埋葬施設は遺骸を生者の目に触れぬように隠し、物理的かつ社会的に安定化処理するための場所と見なす。埋葬施設とは、遺骸を隔離し現世から隠すための場所である。近畿の横穴式石室を支えたのもこの観念で、死の穢れに侵された存在との全ての接触を忌避している。これを「隠された死者」と呼ぶ。「住まう死者」、「見られる死者」、「隠された死者」は、厳密には明確に区分できず入り組んだ部分もあるだろうが、埋葬施設と生者および死者の関係性を分析する上で重要な視点になり得る。

装飾古墳・装飾墓は「隠された死者」以外の死生観に基づいて成立したと考える。墓を飾る多彩な装飾は、「住まう死者」の場合は死者に見せるため、「見られる死者」の場合は生者（会葬者）に見せるためという違いに対応するのだろう。この2つの死生観が、直接伝播、刺激伝播を通じて地理的・歴史的に多様な社会に適応し、さまざまな発達を遂げ、あるいは複合することで世界各地の装飾古墳・装飾墓の複雑な展開へと結実したのではなかろうか。

第9章　装飾古墳・装飾墓と王墓

日本の装飾古墳から説き起こして世界の装飾古墳・装飾墓を訪ね歩き、ついには洞窟壁画という人類にとっての芸術活動の原点へと辿り着いた。この拙《つたな》い論述を通して装飾古墳の研究を人類史的な枠組みで捉える本書の目論見が、読者の皆様に十分ご理解いただけたのならば筆者望外の喜びである。最後に残された課題として、墓室を装飾した墓が埋葬法の変遷過程の中で、なぜ出現するのかに論及し、まとめに代えたい。

人類が死者を埋葬するようになったのは、ネアンデルタール人段階とされている。洞窟壁画を描いたクロマニョン人段階には、ロシアのスンギル遺跡のように副葬品を伴った墓も知られている。そもそも埋葬とは、死者を土中に収蔵して生者の目に触れないようにするために人類が創り出した発明である。そうすると、死者を飾り立て会葬者に見せることは、埋葬の理念と真っ向から対立する。「隠す埋葬」と「見せる埋葬」の差は、「隠された死者」と「住まう死者」・「見られる死者」の違いに対応する。ヒトは埋葬、いや逃れられない生物学的な死とどのように向き合って来たのだろうか？　この「見せる埋葬」を考えていくうえで避けては通れないのが、特定個人の埋葬に必要以上の社会的エネルギーを投入し、過剰ともいえる埋葬施設に設えられる、いわゆる「王墓」との関係である。なぜなら、装飾古墳・装飾墓であれ王墓であれ、死者が住まい、見られるために築かれた「見せる埋葬」の舞台だからだ。本章では、王墓を視野に入れて、本来隠されるはずの埋葬をなぜ見せるようになったのかといった根源的な問いを追究してみたい。

時期・地域が偏在する王墓

王墓とは社会を代表する（と考えられた）特定個人の死に際して築かれた墓と定義され、特別な施設を伴い、殉死者や豊かな副葬品を保有することが特徴である。共同墓地に葬られた一般成員とは隔絶し、遠隔地との交易で入手した奢侈《しゃし》品や威信を保有し権威を高めるための威信財が副葬される。エジプトのピラミッド（第68図）、メソポタミア・ウルの王墓のように古代文明が発生したオリエントがひとつの中心である。アジアに目を転じると、皇帝陵（第69図）が成立する中国、巨大前方後円墳に代表される倭（日本）や、新羅・百済・加耶・高句麗など朝鮮半島でも多彩な王墓が展開する。ユーラシア大陸の中央、ロシアの永久凍土の下に造営されたパズィリク古墳群や、文明の十字路に築かれたティリヤ・テペも被葬者には諸説あるけれど、王墓に違いない。新大陸ではメキシコやグァテマラなどの中央アメリカ、南アメリカ大陸のアンデスにも王墓の存在が知られる。そうすると、文明や文化が花開いた場所にはすべて王墓が成立したかのように見えるが、実はそうでは

第68図　ギゼーのマスタバ（手前）と真正ピラミッド（奥）
計画的に配置されたエジプトの「見せる埋葬」の頂点を示す。

ない。北アメリカや整然たる都市計画で知られたインダス文明では、王墓の存在が明確ではない。北アメリカにはサーペント・マウンドという曲線ないしは幾何学的な形をした土塚があるが、特定個人の埋葬のために築かれたものではない。インド南部のデカン高原では鉄器時代に板石造《いたいしづくり》の墓が築かれるが、オリエントの王墓に匹敵するとは言えない。前章までで見た装飾墓と同様に、王墓も特定地域に偏在した文化要素なのだ。

しかも、王墓はいつの時代にも存在した訳ではない。日本を見れば明らかなように、弥生時代中期後半から後期にかけて九州北部や瀬戸内、山陰、北近畿など西日本でまず王墓が成立し、3世紀中頃に奈良盆地東南部の三

第69図　中国・秦始皇帝陵
埋葬墓と広大な陵園から構成される中国で初めて築かれた埋葬複合体。

輪山麓に巨大前方後円墳が出現する。この前方後円墳の時代の特徴は、墳形と規模それぞれに階層秩序を規定し、しかも専制君主による集権的な支配ではなく、相互承認に基づく体制であった。しかし、7世紀になると急速にその階層秩序が崩壊する。それは有力者の権威の象徴が古墳から寺院へと移行したためである。言うなれば、階層関係が埋葬法に視覚的に表出される歴史的段階は、人類があまねく経過するのではなく、時間的にも地域的にも限られている。これは、日本列島以外の多くの地域でも同様だ。

それでは、今までなぜ王墓が注目されてきたのだろうか。理由のひとつは、墓制研究が考古学では中心的なテーマの一つだったからだ。19世紀後半から20世紀前半にかけて、ヨーロッパ諸国の調査団は古代オリエント地域に続々と進出し、さしずめ発掘オリンピックのようだった。結果として、古代文明の研究はそれ以降、めざましい飛躍を見せる。東アジアに目を転じると、中国では、中国人学者自身の手で、河南省安陽・小屯で殷の王陵区が調査され、甲骨文字の解読と王朝の系譜や社会構造、信仰などについても研究が進んだ。王墓を発掘することで多量の副葬品が回収され、文明の解明にもつながるため、20世紀前半には王墓を発見し、発掘調査する気運が高まった。もっとも、帝国主義的な対外進出によって後押しされていた内情はあったけれども。

しかし、第2次世界大戦後に状況は一変する。古代オリエント地域が戦争・紛争の舞台となり、王墓に対する探究はオリエント以外に求めざるを得なくなった。しかし、その代わりに、今まで王墓調査を通して深められた成果は、比較史の方法を考古学に採り入れた王墓研究として体系づけられるようになった。いわゆる「王墓の比較考古学」である。もっとも、それは容易な道ではなかった。時間的あるいは地域的にもバラバラに成立した王墓を、どのように比較したら良いのか、研究を進めるための方法論自体が未成熟だったからだ。王墓を生み出した社会を比較し、国家形成過程における官僚制や交通網、徴税組織などの諸制度を徐々に整えていく時期に、なぜ社会は「見せる埋葬法」を必要としたのだろうか。この視角から、比較史の方法に立脚して考古資料を分析し、得られた評価を社会学による比較史研究の手法で検証することが、王墓や装飾墓の比較研究のための重要な布石となった。

考古学の分野で、このような研究方法を最初に提唱したのは考古学者であったV・G・チャイルドである。マルクス主義者だった彼は、人類は彼が革命と呼ぶ社会の大きな変革を経過して、発展の道筋を辿ると考えていた。その中で、農耕の開始である新石器革命（食料生産革命）の次の革命として位置づけたのが都市革命であり、その指標となる10の要素の一つに王墓などの記念建造物（モニュメント）を挙げる。もちろん、人類が単一の発展経路を通過したと見るのは間違いだし、文化の多様性を見落とす危険性もある。しかし、王墓や装飾墓といった特別な埋葬法が時期や地域を超えて出現し、それらが全て単一起源ではないことも事実である。そこに比較考古学の研究が成立する余地がある。

王墓の登場とその背景

ここで、装飾古墳・装飾墓で言及した地域の王墓の登場と社会的な背景について略述しよう。まず、エジプトでは先王朝期後半（ナカダ文化）以降にメソポタミアやパレスティナからの文化の流入が顕著となり、ナイル川流域の各ノモス（古代エジプトの行政区画）がマネトー（紀元前3世紀頃の神官、歴史家で『エジプト誌』を著した）の伝えるメネス王により統一されて初期王朝が始まる。第1王朝以前に上・下エジプトを統一したサソリ王の棍棒頭やナルメル王（第1王朝を創始した王）のパレットに表された攻撃と征服の場面は、上・下エジプトが統一された記念碑である。第1王朝のアハ王、ゼル王、ゼット王などの諸王墓は、上エジプトのアビュドスに造営され、サッカラにはメソポタミアに影響を受けた宮殿外壁形装飾を持つ大型墓が築かれる。王都メンフィスからは、王権の表象たる文字・印章・軍隊・建築および美術様式が波及した。

　メソポタミアではウバイド期に広域文化圏が成立し、ウルク期からジェムデトナスル期にかけて、シュメールの建築（扶《ふ》壁《へき》〈突出する控壁《ひかえかべ》〉・凹壁を特徴とする宮殿外観建築）・美術・文字が成熟する。また、トルコやパレスティナ、イラン高原やアフガニスタンなどから、銅・銀・アラバスター・ラピスラズリなどがもたらされ、専業工房で商品に加工されて付加価値が高められ、都市が相互に依存する経済システムが形成された。キシュに王権がはじめて授けられ、諸都市に王権が継承されていくシュメール王名表やギルガメシュ叙

第70図　パレンケの碑銘の神殿
頂部に神殿が築かれたピラミッドの内部にはパカル王墓が造営されている。

事詩、洪水伝説などが広く語られた。キシュのＹ墓地やウルでは初期王朝期に王墓が築造される。中心―周辺関係と一括りにするには複雑に過ぎるけれど、メソポタミアでは神殿経済を基盤とした政治・経済・情報のネットワークが高度に発達していたことは疑いない。インダスへの中継地となった紅海やペルシャ湾岸のオマーン、バーレーンなどには海洋交易のための都市国家群と大規模な古墳群が築かれた。インド・グジャラート産の紅玉髄《べにぎょくずい》製玉類を各地にもたらしたような広域流通に携わった湾岸商人たちの活動の記念碑だろう。

　中国では、新石器時代に東北部の遼西地域の紅山文化、華北の山東龍山文化・陝西龍山文化、長江下流の良渚文化や長江中流域の石家河《せっかが》文化などで、特定個人のために隔絶した構造を持つ墓や、周囲に環壕や土城を巡らせた防塞《ぼうさい》集落が登場する。衛星的集落と連携した一種の都市国家ネットワーク構造が形成され、甘粛省和田《ホータン》産の軟玉を加工した玉器などが副葬品として広域に流通した。鄭州商城では宮殿をそなえた王都が二里頭期に成立し、河南省安陽には大墓と宮殿を中心として儀礼を繰り返し行うことができる複合施設が完成する。一方、長江上流の四川省三星堆のように、中原の文化的影響を受けながらも独自の文化を開花させた周辺地域もある。こうして、遅くとも殷代には中心－周辺関係が確立した。

　新世界でも同様である。メキシコ湾岸に展開するオルメカ文明では、サン・ロレンソ、トレス・サポテス、ラ・ベンタなどの主要都市が知られ、オルメカ様式の石彫（石像・石柱・記念石碑）、祭壇・ピラミッド形構造物が広場や通廊を中心に建ち並び、斧・鏡・玉を王権のシンボルとする儀礼のための複合的な施設が誕生した。メキシコ中央高原に出現したテオティワカンでは、「死者の大通り」を中心とした規格性の高い都市設計がなされ、その建築・美術様式はトゥーラなどにも波及する。これに対して、ユカタン半島のマヤでは、ティカル、パレンケ、コパン、ヤシュチランなどの都市が点在し、王は仮面、肩掛け、ジャガーの毛皮のマントやスカート、ヒスイと貝製装身具で飾られ、パレンケのパカル王墓（第70図）に副葬された奢侈品は、王墓の葬送儀礼で消費された。これは、装飾墓が集中して営まれたオアハカも同様だ。

一方、マヤの各都市は、独自の象形文字の紋章・祭祀センター・王墓などを単位とする。テオティワカンのような都市中枢を持たず、ティカルやカラクムルのように、神殿相互を結ぶ道によって一つにまとめられていた。一方、南米のアンデスでも、高原地帯のコトシュの交差する手の神殿やラ・ガルガーダなどで儀礼的建築が営まれる。トルコのギョベックリ・テペで確認されたのと同様に、当地の公共的な建築の登場の早さは社会進化を測るものさしにはなり得ない。ペルー北部の城塞都市チャビン・デ・ワンタルやクントゥル・ワシ、パコパンパなどでは、ジャガー神の彫像を祭る神殿複合体を伴うチャビン文化が開花し、モチーカ、ナスカ、ティワナクの各文化へと継承されて最終的にはインカ帝国に統一される。また、中南米の諸文明の始祖神話ではジャガーと人間との成婚によって新たにジャガー神童が誕生し、儀礼の中で神官（シャーマン）がジャガーへと変身するというテーマが繰り返されている。たとえば、オルメカのラ・ベンタは聖所として俗界から隔絶した孤島に建設され、猫神儀礼が盛大に挙行された。なお、獣祖神話は中央アジアから東北アジア・シベリアにかけてのシャーマニズムの顕著な特徴でもある。アルタイ山中のパズィリク古墳群では、2号墓に埋葬されたミイラ化した被葬者には、有翼獣・鳥・ロバなどの図案化された動物意匠の入墨が施されている。

以上に述べてきたような主たる文明以外にも目を転じると、その周縁に位置する諸社会でもこれと同様だ。地中海のキクラデスやペロポネソスを中心としたエーゲ文明、ナイル川中流のメロエのピラミッド群に代表されるスーダンのヌビア、ボガズキョイを王都としアラジャ・ホユックに王墓を築いたヒッタイト、黒海北岸に独自の厚葬墓を成立させつつヘレニズムと融合したスキタイなどにも中心—周辺関係が見出される。北米ミシシッピ川の中・下流域にマウンド（第71図）を築造したミシシッピ文化では、銅斧を頂点とし、貝製ビーズ・方鉛鉱（正八面体の結晶を形成する鉛の鉱石鉱物）など文化圏の外部から搬入された財の階層的保有が指摘されている。一方で、中心が認められない社会の例としては、先史ヨーロッパ社会が挙げられる。ブリテン島では、ソルズベリー平原を中心として巨大ヘンジ、長形墳、モニュメントなどが築造されている。その典型的な例の一つが、新石器時代のウインドミル・ヒル文化で確認できる。ここでは、聖域であるウインドミル・ヒル、

第 71 図　北アメリカ・カホキアのモンクス・マウンド
王墓ではなく、儀礼のために築かれたマウンド。現在まで北アメリカには王墓が見つかっていない。

埋葬地としての長形墳（ウエスト・ケネット墓およびイースト・ケネット墓）、巨大ヘンジであるエイブベリー、ヨーロッパ最大のモニュメントであるシルベリー・ヒルなどが指呼の間に立地し、有機的な関連を持っている。

同じような地域構造は、フランス・ブルターニュのカルナック（聖域）とサンミッシェル古墳やロクマリアケールの支石墓（埋葬地）、あるいはタイ東北部のプー・フラ・バット洞窟（聖域）とバンチェン遺跡（埋葬地）との関係などにも当てはまる。限定された空間の中に、儀礼のための建築、葬送記念物の存在は確認されるけれども、王単独のためのさまざまな儀礼に供された施設は見当たらない。

これらの地域構造こそ「聖地の起源」と名付

けるに相応しく、ヒトが神聖性を獲得する原点であると思われる。ヨーロッパ中央部における中心－周辺関係の確立は、ケルト人のハルシュタット文化を待たねばならなかった。

構造上の特徴と成立要因

それでは、王墓とはどのような埋葬法で、いかなる要因で発生したのかについてもっと具体的に掘り下げてみよう。地上構造物としては、石や土の自然物を用いたマウンド系統と住居や神殿を建てた建物系統とに大きく二分される。また、メソポタミアのウルの日乾レンガで造られた王墓や、中国の侯家荘の殷大墓のように地上の標識を持たないものもある。周囲の施設には周壁や周濠がある。次に、複合体を形成するものとして、埋葬場所である墓室と標識である地上構造物に加え、葬送儀礼を行うための神殿や廟などの付属施設が付くものがある。その例としてエジプトのピラミッド複合体や中国の陵園が知られるが、メソポタミア、ローマ、新大陸にも似たものがある。次に、犠牲と殉葬が挙げられる。これは、王の死に際して一緒に埋葬された人間や動物のことで、廷臣などの王の側近者を伴うものを殉葬、動物や敵の捕虜などを伴うものを犠牲と呼び、厳密な区別は難しい。王の事績を記した墓碑は、すべての王墓に備わっている訳ではない。以上の多種多様な構成要素から分かるように、これさえあれば王墓と決定できる要素は無く、王墓とは変遷過程における相対的な隔絶性に基づいて抽出されるものだ。

社会を代表する王の死は社会的緊張の始まりである。不滅で永続すべきであった王の治世、四季のように繰り返し連続する社会に切れ目を入れる瞬間が死と捉えられた。死せる王を、宗廟で祭られている過去からの王統に正しく位置づけ、王位継承者の正統性を確認することこそが葬送儀礼の本質である。王墓とは、単に墓であるだけではなく埋葬と王位継承の２つの儀礼を正しく行うための舞台である。その劇場的効果をますます高める方向へ、より複雑で印象的な施設へと変貌していく。この点に、見せる埋葬法である王墓の本質があり、それは装飾墓にとっても例外ではない。

葬送儀礼

王墓で行われた葬送儀礼の実態は、いかなるものだったのか。メソポタミアのウル王墓に伴う殉葬（第72図）では、殉死すべき官僚や女官らに毒の入った盃が渡される。そして、荘厳な音楽と共に王の棺が墓室に入れられて入口が閉ざされると、その盃を皆が一斉にあおり、人間だけでなく戦車を引く家畜さえも殺されて、やがて大死《だいし》壙《こう》は土で埋め立てられ

第72図　ウルの大死壙の儀礼
発掘者ウーリーの調査成果に基づいて殉葬を伴う王墓の葬送儀礼を復元（Woolley 1927による）。

た。このような状況は発掘調査の成果から推測されたもので、文献資料では証明されておらずきわめて記録に残りにくい。ヘロドトスの『歴史』には、スキタイ王の葬送儀礼が細かに記録されている。しかし、スキタイのクルガン（墳墓）の発掘調査の成果とぴたりと一致しているわけではない。

　中国には『儀《ぎ》礼《らい》』「士《し》喪《そう》礼《れい》」という文献があり、埋葬施設の構造・規模、葬法から副葬品の内容までが事細かに規定されている。その葬送儀礼は通過儀礼の構造を踏襲して3部からなり、通過儀礼の構造がうかがえる。第1は始死之礼（招魂）儀礼。死者が発生すると、死者の服を持って北面し、まず死者の名を3度呼ぶ。しかし、それでも応答が無いと知るや死と認定され、体を洗われ（沐浴）、口を開けられて玉や貝が入れられる。含蟬《がんせん》と呼ばれる、セミ形の金製品が入れられることもある。第2は小斂《しょうれん》之礼。埋葬前の支度をするための諸儀礼がある。まず、顔を布で覆い、手には布（握手）を握らせ、死者を装束ごと9本の紐で縛る。そして、宗廟や殯宮《ひんきゅう》で多次にわたっての儀式が執り行われる。棺の位置、供献の品々にも細かな規定がある。『荀子』には天子の棺槨は七重、諸侯は五重、大夫は三重、士は二重と身分によって厳然たる格差があり、副葬品として持たせる礼鼎にも3個・5個・7個という奇数倍の、身分に従った保有規定が存在する。第3が大斂《たいれん》之礼。つまり埋葬そのものである。その後にも、追善供養的な諸儀礼が継続し、この招魂・小斂・大斂の葬送儀礼の3段階は、細かな形は違うけれど、王墓で行われた埋葬儀礼の基調を形作る。その理由は、埋葬儀礼を人類学的な普遍性を持つ一種の通過儀礼と見なすことができるからだ。たとえば、今世紀初頭、カリマンタンに住むダヤク族の葬送儀礼がフランスのR・エルツによって調査された。その過程には「肉体的死とその直後」、「中間の時期」、「最終の儀式」の3段階が見出された。なかでも、通過儀礼を人類学的に分析する上で、中間の時期の儀式、来世へと移行しつつある中間のニュートラルな時期の儀式を注視する。王墓の儀式の意味を考察するためには、この中間の儀式に謎を解く鍵があると私は思う。

埋葬される王とはどんな人物だったのか

埋葬される王とはどのような人物だったのだろうか。私たちは、「王」や「王様」と言えば、近代国家がつくり上げた絶対王制下の王を投影し、強権的に人民を支配し強制的な労働の徴発によって王墓を築造したと考えがちである。多数の殉葬を伴う中国や古代オリエントの王は、はたしてそのような専制的君主だったのだろうか。

王墓の成立時期はいわゆる国家形成期と合致する。王権が力を強め伸びていく時期である。近年の研究によれば、王権発生の要因は以下の3つの見解にまとめられる。第1は、社会の生産力が上昇し社会組織や制度の諸矛盾の調停者として登場するケース。第2は、資源獲得であれ交通ルートの確保であれ、他の社会集団との恒常的な戦争状態に陥った際に、指導者として誕生するケース。第3は、社会の生産関係、物資の再分配や交易流通を差配する調停者として権力を与えられるケース。つまり、いずれにしても専制君主として最初から君臨していたわけではなさそうだ。

ギリシャ・ローマ社会とは異なり、古代オリエントおよび中国を含む東洋社会の王は、かつては別名、「水利王」と呼ばれたことがあった。それは、古くから農耕灌漑システムの統括体として成立したためとされてきたが、歴史研究が進むと実証性に関する疑問が提起されるようになった。20世紀前半の王墓調査の結果、王墓の構造変化と王の社会的性格とは密接に関連することが明らかになってきた。王墓という特殊な構造を持った埋葬法が成立した時期の王とは、灌漑農耕だけでなく社会の調停者としての性格が強く、戦争を指導するため暴力を背景として強力に人民を支配するといった役割を果たしたのではないと想定されている。最初の王とは専制君主ではなく、社会の問題が露わになった場合に選ばれる不安定な存在だった。王の死と共に、多量の廷臣・侍従を引き連れて、死出の旅路に就かねばならなかった不安定な王の姿。それでは、なぜ彼が社会から王と認められたのだろうか？　それは、彼が社会的に認定された権威、換言すれば神聖性という衣装を身にまとっていた、いや神からまとわされたと社会成員に考えられていたからに他ならない。いわば一種の共同幻想である。成立期の王墓の被葬者は、シャーマンや呪術者に近く、神聖性を与えられたと社会から認められていた。これを私は、神聖王と呼びたい。神聖性という衣を、誰がまとうかではなく、誰にまとわせるかが重要だったのである。なぜなら、呪術者にとって神聖性とは浮遊するもので、特定の個人や血統に帰属するものでは決してなかったからだ。
ジェームズ・フレイザーによる『金枝篇』冒頭の章「森の王」、イタリアのネミ湖のほとりにあるディアナの森の司祭を意味する「森の王」について論じた章は、王殺しの観念を主旋律として展開する。王殺しを考古学的に実証することは大変難しく明確な証拠はないけれど、儀礼的な「死」が人類史上かつてないほど重視された時代こそが王墓が成立した社会だったといっても過言ではない。

最初に王墓を築いた王は強権的に君臨した存在ではなく、社会成員から神聖性をまとわされた神聖王である。したがって、王墓成立期の王権や社会体制を、私は神聖王権と呼びたいと思う。この語は文化人類学ですでに使用されている。スーダンのナイル両岸に居住するシルック族は強固な神聖王権の観念を持ち、国家と王を持つ中央集権的な制度を有することで知られる。同じくナイル川流域の部族民であるヌアー族は、古くから非中心化を特徴とする部族社会の典型として紹介され、王権を持たない。この対照的な社会構造は王殺しの慣習を持つ象徴的王権により規定され、王権の存在が中心化、非中心化と深く関連したことを示している。王墓の成立と軌を一にして中心－周辺関係が確立するように見えるのは、神聖王権の構造化と密接に関連しているためではなかろうか。

王墓と装飾古墳・装飾墓の比較考古学

王墓の誕生が神聖王権の成立と表裏であるならば、もう一つの見せる埋葬法である装飾古墳・装飾墓との関連性をどのように考えたらよいのだろうか。エジプトにヒエラコンポリス１００号墓が築造されたナカダ文化期は、上エジプトと下エジプトの統一が進み、自然のエネルギーを支配したファラオの観念が芽生える時期でもあった。ピラミッド複合体が最大となり縮小過程が始まるが、その時期に登場するのがピラミッド・テキストを壁一面に刻んだウナス王のピラミッドである。新王国期になると構造の多様化が進み、アマルナ美術の影響を受けた華麗な墓室装飾が展開する。エジプトの影響を受けて成立したヌビアの装飾墓は、王権の登場時期に重なっている。さらにマケドニア、エトルリア、トラキアにおける墓室装飾の盛行は、埋葬法の複雑化が頂点に達し、構造・規模が縮小する多様化の時期で、トルコのリディアやリュキアもこれと同様だ。中国最初の装飾墓の可能性がある侯家荘１００１号墓の築造時期は、殷王が多数の犠牲・殉葬者、殉葬獣と死出の旅路を共にした王墓誕生の時期である。一方、再び装飾墓が興隆する北魏、唐代は、秦始皇帝陵で完成した埋葬複合体が漢代に陵寝制度として体系化され、南北朝以降に西域の影響を受けて多様化する時期に当たり、モンゴルや契丹（遼）の装飾墓もその延長上にある。一方、高句麗の壁画古墳は、安岳３号墳、徳興里古墳とも王権初期のものであり、百済や日本の装飾古墳は、言うまでもなく王墓が多様化する時期である。中央アメリカの場合、ティカルとリオ・アスール、オアハカはすべて王墓が多様化した時期の所産である。他方、インドネシアや先史ヨーロッパ、ペルシャ湾岸地帯などの地域の展開は、王墓が成立する前夜に位置づけられる。

　以上をまとめると、埋葬法の変遷過程の中で、装飾古墳・装飾墓が登場するのは、王墓が誕生する時期と多様化する時期の２つに該当しそうだ。今まで見てきたように、これらはいずれも被葬者の社会的性格が大きく転換する時期でもある。この社会的変革の背景には、本章で指摘したような葬送儀礼に埋め込まれた観念上の変化がある。装飾古墳・装飾墓が誕生するメカニズムは、王権に対する観念変化が他界観を刺激し、社会で共有される死生観が揺り動かされたためだと私は考える。

　その社会的変革を端的に表現するならば、王墓の成立期には王が神聖化し、王墓の多様化の時期には王が世俗化するといった正反対のベクトルが反映したと見る。社会成員の中で他界と通交できるのは唯一王だけだ。しかも、いつでもと言うわけではなく、葬送のタイミングをおいて他にはない。なぜなら、葬送儀礼こそが、社会で共有された価値を転換し、生と死の異次元交換の機能を持つ唯一の機会だからである。したがって、王の性格が変わると、他界観も変わり、死生観も変わる。装飾墓は、王権の成立か衰退かによらず、社会成員に他界を見せる要請の高まりに対応して登場する、というのが埋葬法を人類史の観点から考察して導き出した本書の結論である。

ヒトはなぜ墓を飾るのか。それは来世をどう捉えるかという根源的な問いであり、回答として多種多様なモニュメントが現代にまで遺されている。歴史的な生成の中で成立する豊かな副葬品を伴った王墓、王自らが属する世界観を具現化した都市、人と人とのネットワークを媒介した文字などに加え、死生観を象徴化した装飾墓もその一つだろう。本書では、装飾墓の多様性を単に叙述するだけでなく、比較考古学の方法を用いて変遷過程の類型化を試みた。人類史的視点に立った装飾墓の研究は、考古学、歴史学、美術史学、認知科学など複合的に構成された研究分野で、それは洞窟壁画の場合も同様である。悠久の時を超えたメッセージに耳を傾け、描かれた当時の美を将来へと守り伝えるため、人類の英知をかけたやむことのない数多くの研究と努力が今もなお積み重ねられている。

おわりに

本書は、２０２０年夏～秋にYouTubeで公開した動画「装飾古墳入門」をもとに、今まで装飾古墳に向き合って実践してきた研究の内容を一書にまとめたものである。これは、本来、２０２０年3月初頭に東京国立博物館の月例講演会にて「装飾古墳の人類史」というタイトルで発表する予定であった。ところが、折からの新型コロナウイルス感染症の感染拡大防止に伴い、講演会は中止となってしまった。緊急事態宣言が発出され、何時あけるとも知れないリモート勤務を続けていく中で、博物館の研究員としてお客様のために何かできることはないかと考えていたところ、東京国立博物館の広報室の皆様のご協力をいただき、ようやく映像という形で日の目を見た次第である。公開後、動画には、さまざまなご意見をいただいた。その全部に回答することはできなかったけれど、独りよがりになりがちな内容を軌道修正することができた。ここで改めて謝意を表したい。

本書の冒頭で触れたように、私が装飾古墳と出会って約40年になる。ずっとその研究を続けていたわけではないけれど、高校時代に初めて装飾古墳を訪れたときの感激が、職場や環境が変わっても、考古学研究に携わる原動力となってきたのは事実である。そういう意味では、ライフワークだといっても過言ではない。考古学の研究対象として装飾古墳と出会えたことに真摯に感謝したい。

　ただ、研究を進めていくうえで、滓《おり》のように積もった疑問がある。本書でも繰り返し論じたように、はたして装飾古墳は九州のローカルな古墳文化なのか、という問題である。私がその立場に立っていないことは、すでに言及した。しかし、正直なところを言うなら、そうではないという直感は最初の出会いから何となく感じていた。こんなに力強い感動を与える古代の芸術作品は、九州という地域的枠内だけに収まるものではない。必ずや、人類と美術の根幹に関わる問題が含まれているはずだと。この直感を経験的に実証するために、同じく「見せるための埋葬法」であった王墓の変遷過程を探究し、装飾墓を埋葬法の変遷からうかがい知れる被葬者の社会的な性格の変質と関連させた説明ができるのではないかという視角にこだわり続けた。王墓研究と装飾墓研究という二足の草鞋《わらじ》を履きつつ、膨大な考古資料の海の中を溺れそうになりながら泳ぎ切って、ようやく、その直感を文章化できたのではないだろうか。本書を書き上げた今、その思いを禁じ得ない。

　また、本書は九州国立博物館で10年以上にわたって関わってきた装飾古墳プロジェクトに多くを負っていることも記さなければならない。温かく研究を見守ってくれた職場の皆様方にこの場を借りて深謝したい。さらに、東京大学池内克史研究室の諸先生方、朽津信明氏、(株)凸版印刷の皆様との共同研究、データベース作成プロジェクトで指導・助言をいただき、手探りしつつ共に形を創り上げてきた諸先生方、世界を奔走し遺跡画像を撮影していただいた小堀昇氏(文部科学省)、日本地図センター、(株)とっぺんなど、この研究は多くの皆様の協力無しには成しえなかった。本書所収の画像も特に断りのないものについては、その成果の一部であることを銘記し、巻末にお名前を挙げさせていただいた。諸般の事情で、現在、データベースは公開を中断しているが、九州国立博物館のこのプロジェクトは、ささやかながら装飾古墳の魅力とデータを国内外に発信できたのではないかと考えている。

私の研究の推進にご協力いただいた機関、個人の皆様には、感謝してもし切れない。と同時に、最後になったが、研究生活を支えてもらっている家族にも謝意を表したい。

【参考文献】

・青木保『儀礼の象徴性』岩波書店、1984年。
・池内克史編著『最新技術でよみがえる　九州装飾古墳のすべて』東京書籍、2015年。
・石山勲「九州の装飾古墳（福岡県・熊本県）」『遺跡学研究（日本遺跡学会誌）』第6号、日本遺跡学会、2009年。
・稲田健一「茨城県内の装飾古墳―九州の装飾古墳との関係を探る―」『東日本の古墳壁画を考える』考古学研究会第57回東京例会発表要旨、2022年7月30日発表。
・岩松保「黄泉国への通路」『待兼山考古学論集：都出比呂志先生退任記念』大阪大学文学部考古学研究室、2005年。
・岩山三郎『古代の没落と美術―ミイラ肖像画とその時代』美術出版社、1973年。
・大竹弘之「九州型横口式家形石棺のゆくえ」『考古学に学ぶ』同志社大学考古学シリーズⅦ、同志社大学考古学シリーズ刊行会、1999年。
・大場磐雄『考古学上から見た古氏族の研究』永井出版、1975年。
・大村正子「アナトリアの墳丘墓―トゥムルス―」『世界の眼でみる古墳文化』国立歴史民俗博物館、2018年。
・小田富士雄「石人石馬の系譜」『古代史発掘7　埴輪と石の造形』講談社、1974年。
・小田富士雄「古墳文化の地域的特色―九州」『日本の考古学Ⅳ　古墳時代・上』河出書房新社、1966年。

・小野山節「騎馬民族征服王朝説をめぐって」『古代史発掘6　古墳と国家の成立ち』講談社、１９７５年。
・カール・ポランニー、玉野井芳郎ほか編訳『経済の文明史』日本経済新聞社、１９７５年。
・金関丈夫「竹原古墳奥室の壁画」『MUSEUM』第２１５号、東京国立博物館、１９６９年。
・河野一隆『王墓と装飾墓の比較考古学』同成社、２０２１年。
・河野一隆「インドネシア・南スマトラのパセマ高原における装飾古墳：登場と展開についての素描」『東風西声』第12号、九州国立博物館、２０１６年。
・九州国立博物館『草原の王朝　契丹　美しき3人のプリンセス』九州国立博物館、２０１１年。
・京都帝国大学「肥後に於ける装飾ある古墳及横穴」『京都帝国大学文学部　考古学研究報告』第１冊、京都帝国大学文学部、１９１７年。
・京都帝国大学「筑前国嘉穂郡王塚装飾古墳」『京都帝国大学文学部　考古学研究報告』第15冊、京都帝国大学文学部、１９３９年。
・京都帝国大学「大和島庄石舞臺の巨石古墳」『京都帝国大学文学部　考古学研究報告』第14冊、京都帝国大学文学部、１９３７年。
・京都帝国大学「九州に於ける装飾ある古墳」『京都帝国大学文学部　考古学研究報告』第３冊、京都帝国大学文学部、１９１９年。
・日下八光『東国の装飾古墳』雄山閣、１９９８年。
・日下八光『装飾古墳の秘密：壁画文様の謎を解く』講談社、１９７８年。

・朽津信明、増田智仁、猪狩壮文、池内克史、三橋徹、松戸堅治「スペクトル計測に基づく王塚古墳壁画の任意光源下での色再現」日本文化財科学会第22回大会　研究発表要旨集、２００５年。

・朽津信明「装飾古墳の顔料について—特に緑と『青』の問題を中心として—」『装飾古墳の展開』埋蔵文化財研究会、２００２年。

・朽津信明「青色顔料から見た日本文化史」『福井県立博物館紀要』第９号、福井県立博物館、２００２年。

・久野昭「日矛の鏡」『日本研究』第７集、国際日本文化研究センター、１９９２年。

・熊本県教育委員会『熊本県装飾古墳総合調査報告書』熊本県教育委員会、１９８４年。

・国立歴史民俗博物館『装飾古墳の世界』朝日新聞社、１９９３年。

・児玉真一編『若宮古墳群Ⅰ』吉井町文化財調査報告書第４集、吉井町教育委員会、１９８９年。

・小林行雄「家形石棺」上・下『古代学研究』４・５、古代学研究会、１９５１年。

・小林行雄『古墳時代の研究』青木書店、１９６１年。

・佐原眞「古墳時代の絵の文法」『国立歴史民俗博物館研究報告第80集　装飾古墳の諸問題』国立歴史民俗博物館、１９９９年。

・装飾古墳を守る会『福岡県装飾古墳白書』装飾古墳を守る会、１９７４年。

・装飾古墳を守る会『熊本県装飾古墳白書』装飾古墳を守る会、１９７８年。

・高橋克壽「墓域の護り」『日本の信仰遺跡』奈良文化財研究所学報第57冊、奈良文化財研究所、１９９８年。
・田村実造『慶陵の壁画』同朋舎、１９７７年。
・朝鮮画報社出版部『高句麗古墳壁画』朝鮮画報社、１９８５年。
・鄭岩『魏晋南北朝壁画墓研究』文物出版社、２００２年。
・鄭岩「〝鄴城規制〟初論」『魏晋南北朝壁画墓研究』文物出版社、２００２年。
・（財）日本地図センター『地図中心』第４０３号　特集　今、蘇る装飾古墳、（財）日本地図センター、２００６年。
・橋口達也『護宝螺と直弧文・巴文』学生社、２００４年。
・橋本達也「装飾古墳の武具」『装飾古墳の展開』埋蔵文化財研究会、２００２年。
・馬場匡浩「エジプトの王墓」『アジアの王墓』高志書院、２０１４年。
・原口長之「古墳石人の行方」『東方古代研究』第９号、１９５９年（小田富士雄編『石人石馬』学生社、１９８５年に所収）。
・M・パロッティーノほか、青柳正規・大槻泉・新喜久子訳『エトルリアの壁画』岩波書店、１９８５年。
・福岡県『筑前王塚古墳』福岡県史蹟名勝天然記念物調査報告書第11輯、福岡県、１９３５年。
・福永伸哉「欧州の墳丘墓と日本の古墳」『世界の眼でみる古墳文化』国立歴史民俗博物館、２０１８年。

・フリードマン・レネ「ファラオの起源を求めて：支配者墓地を発掘する」シンポジウム『エジプト文明の起源を探る：ヒエラコンポリス遺跡における近年の発掘調査』早稲田大学、２０１８年10月13日発表。
・穂積裕昌「封じ込める力」『考古学に学ぶ（Ⅲ）』森浩一先生傘寿記念献呈論集　同志社大学考古学シリーズⅨ、同志社大学考古学シリーズ刊行会、２００７年。
・埋蔵文化財研究会・九州国立博物館誘致推進本部『装飾古墳の展開』埋蔵文化財研究会、２００２年。
・町田章『古代東アジアの装飾墓』同朋舎、１９８７年。
・マルセル・モース、有地亨・伊藤昌司・山口俊夫訳「贈与論」『社会学と人類学』Ⅰ、弘文堂、１９７３年。
・森貞次郎「福岡県鞍手郡若宮町竹原古墳の壁画」『美術研究』１９４号、東京文化財研究所文化財情報資料部、１９５７年。
・森岡秀人「追葬と棺体配置」『関西大学考古学研究室開設参拾周年記念考古学論叢』関西大学考古学研究室、１９８３年。
・柳沢一男『装飾古墳ガイドブック―九州の装飾古墳』新泉社、２０２２年。
・山本新『文明の構造と変動』創文社、１９６１年。
・梁思永・高去尋『１００１號大墓中國考古報告集３　侯家荘：河南安陽侯家荘殷代墓地』中央研究院歴史語言研究所、１９６２年。

・レヴィ・ストロース、川田順造ほか訳『構造人類学』みすず書房、１９７２年。
・ロマン・ギルシュマン、岡谷公二訳『古代イランの美術』新潮社、１９６６年。
・若松良一「双脚輪状文と貴人の帽子―古墳時代における蓮華文の受容をめぐって―」『埼玉考古学論集　設立10周年記念論文集』埼玉県埋蔵文化財調査事業団、１９９１年。
・和田晴吾『古墳時代の葬制と他界観』吉川弘文館、２０１４年。
・和田晴吾「古墳の他界観」『国立歴史民俗博物館研究報告第１５２集　古代における生産と権力とイデオロギー』国立歴史民俗博物館、２００９年。
・R.E.W.Adams, *Rio Azul, An Ancient Maya City*, University of Oklahoma Press, 1999.
・P.Bellwood, Austronesian Prehistory in Southeast Asia: Homeland, Expansion and Transformation, *The Austronesians: Historical and Comparative Perspectives*, ANU Press, 1995.
・V.G.Childe, Directional Changes in Funerary Practices During 50,000 Years, *Man* 45, The Journal of the Royal Anthropological Institute of Great Britain and Ireland, 1945.
・V.G.Childe, *New Light on the Most Ancient East,* Routledge & Kegan Paul, 1952.
・Dept. of Greek and Roman Antiquities, British Museum, *The Nereid Monument and Later Lycian Sculptures in the British Museum*, London : Printed by Order of the Trustees, 1900.
・H.Frankfort, *The Birth of Civilization in the Near East,* Williams & Norgate, London,

1951.
・A.Kottaridi, *Aigai:the Royal Metropolis of the Macedonians*, John S.Latsis Public Benefit Foundation, 2013.
・Primitiva Bueno Ramírez, Rodrigo de Balbín Behrmann, Luc Laporte, Philippe Gouézin, Florian Cousseau, Rosa Barroso Bermejo, Antonio Hernanz Gismero, Mercedes Iriarte Cela and Laurent Quesnel, Natural and Artificial Colours: the Megalithic Monuments of Brittany, *Antiquity* 89, Antiquity Publications Ltd., 2015.
・J.E.Quibell, F.W.Green, *Hierakonpolis Part II*, Egyptian Research Account, 1902.
・C.L.Woolley, *Ur Excavations II, The Royal Cemetery*, The Trustees of the two museums,1927.

【協力機関・協力者】（順不同・敬称略）
九州国立博物館、東京国立博物館、福岡県教育委員会、東京大学池内研究室、九州歴史資料館、福岡市埋蔵文化財センター、桂川町教育委員会、久留米市教育委員会、八女市教育委員会、うきは市教育委員会、筑紫野市教育委員会、筑紫野市立五郎山古墳館、熊本県、熊本県教育委員会、熊本県立装飾古墳館、熊本市教育委員会、山鹿市教育委員会、日田市教育委員会、大分県教育委員会、別府市教育委員会、泉崎村教育委員会、南相馬市教育委員会、白石町教育委員会、武雄市教育委員会、佐賀市教育委員会、宗像市教育委員会、向日市教育委員会、（公財）京都

府埋蔵文化財調査研究センター、柏原市教育委員会、（一財）日本地図センター、株式会社とっぺん、凸版印刷株式会社
The National Archaeology Research Institute (Pusat Penelitian Arkeologi Nasional, Puslit Arkenas)
三輪嘉六、赤司善彦、小堀昇、池内克史、牛嶋茂、武廣正純、村上浩明、天賀光広、田中健一郎、高瀬健太郎、石丸洋、石山勲、島津義昭、白石ミヨ子、宮原健吾、八重樫純樹、丸林禎彦、寺嶋克史、奥村俊久、大塚恵治、池田朋生、西住欣一郎、坂口圭太郎、木村龍生、網田龍生、長谷川清之、山口健剛、宮崎歩、佐治健一、橋口剛士、渡邉隆行、下森弘之、嶋村一志、二本松文雄、堀耕平、藤木海、川田強、細川金也、飛野博文、吉田東明、入佐友一郎、安部裕久、梅本康広、北野重、安村俊史、杉山三郎、今津節生、小林青樹、豊島直博
Rr. Triwurjani, Shinatria Adhityatama, Kristantina Indri Asututi, Nelly Robles Garcia

【付録】見学できる装飾古墳、関連展示のある国内の博物館

※新型コロナウイルス感染症の感染拡大のため、公開期間・時間に変更が生じることがあります。
※春、秋を中心に一斉公開が行われることがあります。詳細はホームページでご確認下さい。

竹原古墳（福岡県宮若市竹原）　午前9時から午後4時まで。月曜（月祝の場合は翌日）、年末年始休業。

石人山古墳（福岡県八女郡広川町一條）　石人・埋葬施設を覆う保護施設あり。見学自由。

チブサン古墳（熊本県山鹿市城字西福寺）　土、日、祝日の午前10時と午後2時に各10名程度（要予約）。

鍋田横穴群（熊本県山鹿市鍋田）　菊池川沿いに公園として整備。見学自由。

熊本県立装飾古墳館（熊本県山鹿市鹿央町岩原）　装飾古墳の調査研究、保存の拠点。熊本県内の装飾古墳の現状レプリカを展示。

熊本県立美術館装飾古墳室（熊本県熊本市中央区二の丸）　チブサン古墳、弁慶ヶ穴古墳、井寺古墳、鍋田横穴墓のレプリカのほか、鴨籠古墳石棺などの実物資料も。

王塚装飾古墳館（コダイム王塚：福岡県嘉穂郡桂川町寿命）　特別史跡桂川王塚古墳に隣接した資料館。築造当初の極彩色の復元模型は必見。

五郎山古墳館（福岡県筑紫野市原田）　五郎山古墳の築造当初の復元模型を展示。羨道から実際に古墳に入り込むような体験ができる。バリアフリーにも配慮。

ひたちなか市埋蔵文化財調査センター（茨城県ひたちなか市中根）　東日本の装飾古墳を代表する虎塚古墳の模型を展示。

東京国立博物館（東京都台東区上野公園）　平成館にある考古展示室内で、福岡県岩戸山古墳の石人や熊本県長迫古墳の石障を展示。

九州国立博物館（福岡県太宰府市石坂）　常設展示である文化交流展示室で、日下八光の装飾古墳壁画模写作品を、数を限って順次展示中。

河野一隆（かわの　かずたか）

1966年生まれ。福岡県出身。京都大学大学院文学研究科修士課程修了。博士（文学、奈良大学）。独立行政法人国立文化財機構九州国立博物館学芸部長。著書に『王墓と装飾墓の比較考古学』（同成社）、編著に『考古学と暦年代』（ミネルヴァ書房）など。

文春新書

1390

装《そう》飾《しょく》古《こ》墳《ふん》の謎《なぞ》

2023年1月20日　第1刷発行

著　者　　河野一隆
発行者　　大松芳男
発行所　株式会社　文藝春秋
〒102-8008　東京都千代田区紀尾井町3-23
電話（03）3265-1211（代表）

印刷所　大日本印刷
DTP　エヴリ・シンク
製本所　加藤製本

定価はカバーに表示してあります。
万一、落丁・乱丁の場合は小社製作部宛お送り下さい。
送料小社負担でお取替え致します。

ISBN978-4-16-661390-8